賢い人が自然とやっている

ズルい言いまわし

ひろゆき（西村博之）

JN239273

扶桑社

賢い人が自然とやっている

ズルい言いまわし

西村博之

はじめに

とあるオフィスで、
上司と部下がこんな会話をしていました。

上司と別れて一人になった後、
ガッカリした部下はこうつぶやきました。

自分から売り上げを高める施策が欲しいって言ってたくせに……。新企画を出しても全然やる気を出さないじゃないか！

なんとも残念な状況ですが、こういう
「相手から期待した返事を引き出せない」
という悩みは、多くの人が抱えていると思います。
もし、ここに僕がいたら
部下の人にこうアドバイスしたでしょう。

恐らく上司の人には、売り上げを伸ばすことよりも重視している〝ホンネ〟があるんじゃないですかね？

部下の人は怪訝そうな顔をするかもしれません。
でも、これは**相手の立場になって考えてみればわかります。**

というのも、もし自らが通した新企画が失敗したら
許可した自分の責任になります。
上司も人間です。
売り上げを伸ばしたい気持ちはあるけど、その前に
「リスクを負いたくない」「失敗だけは避けたい」といった
ホンネがあるものなのです。

そういう疑り深くて慎重な人に対して
「絶対にうまくいきます」という
言葉が響くでしょうか？

だったら、上司の立場を考慮したうえで

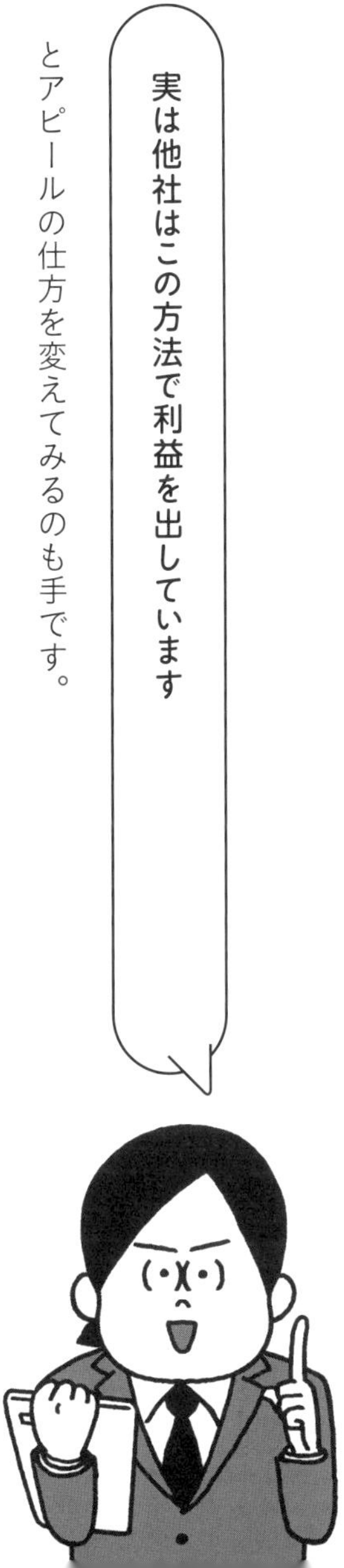

とアピールの仕方を変えてみるのも手です。

すでに似たような成功事例があれば
「リスクの少ない施策ですよ」と暗に示せるからです。

このように、同じ内容を伝えるにしても、
〝言いまわし〟を変えるだけで相手の印象やリアクションは
ずいぶん変わってくるものです。

相手に何かを伝えるときには
「伝えたい内容」と
「相手に取ってほしいリアクション」

という2つの要素があります。

だから言いたいことをただ伝えるのではなく
相手のリアクションを予測して
伝え方をアレンジしたほうがいいのです。

結局、「仕事ができる人」とは
相手の立場になって考えられる人です。
賢い人はそのうえで「伝え方を変える」という手法を
自然とやっていたりします。

ピンチも〝言葉を変える〟だけで切り抜けられる

こういった〝ズルいけど賢い言いまわし〟ができるようになると
交渉事がうまくなるだけじゃなく仕事上のピンチを切り抜けられるようになります。

例えば、次のようなシチュエーションのときに、どう言いますか？

答えに困ってしどろもどろになったあげく
「特にないです」と言う人もいますが、
それだと「ちゃんと考えてないヤツ」
と思われてしまう可能性がありますよね。

こんなときは、
すでに出ている意見を〝言い換える〟
という方法があります。

例えば「世界でも売りたい」という意見が出ているなら

僕も国内マーケットだけでは限界があると思います

といった具合です。

内容的にはほぼ同じですが
すでに納得された意見なので否定されないですし
先に言った人からは味方に思われるというオマケつきです。

そもそも、どんな会議でも参加者全員から
いい意見が出てくるとは限りません。

それでも意見を聞くのは
「何かいい意見が出たらラッキーだから
とりあえず聞いてみよう」的な考えがあるわけです。
つまり、オリジナルな意見を言わなくても
参加者を納得させることはできたりします。

もちろん、自分の意見を言えるのが一番ですが
もし意見がないのなら正直に「意見はありません」と言って

マイナス評価されてしまうのはもったいない。
それなら、うまく言いまわしを変えて
好印象を与えるのが〝頭のいい選択〟です。

世の中は〝ズルい言いまわし〟で溢れている

実は世の中にはこういう〝ズルい言いまわし〟が溢れています。

例えば宣伝文句ひとつとってもそうです。
レストランで「手作り風パスタ」という料理があったら
見た人は「手作りなのかな？」と想像しますよね。

でも、手作り〝風〟なので
実際には100％手作りではなく
「手作りに近い味を機械で再現した」

でも問題はありません。

こんなふうにウソをつかず
表現や言いまわしを変えることによって
相手の印象まで変えるテクニックは
仕事でも私生活でも、いろんな場面で使えます。

知りたいと思った人、いますよね？
この本では50個のシチュエーションに合わせて
僕なりの言いまわしを考えてみました。
なかには「これは使える！」と感じるものもあるはずです。

でも、最後に一つだけ。
言いまわしを変える際に忘れちゃいけないことがあります。
それは

「ウソを言ったり相手を騙すのに使ってはいけない」ということ。

これはあくまで

「相手に合わせた言葉に変えてリアクションも変えてもらう」

テクニックなので。

第1章
面倒な上司の態度も変わる「仕事ができる人」の言いまわし

第2章

営業やプレゼンにも使える

「成果を出す人」の言いまわし

第3章

言葉ひとつで面接結果も変わる

「なぜか出世する人」の言いまわし

第4章

夫婦円満も日頃の言葉から始まる
「家庭がうまくいく人」の言い回し

第5章 言い方を変えて人生をラクにする「ずる賢く生きる人」の言いまわし

第1章

面倒な上司の態度も変わる「仕事ができる人」の言いまわし

仕事はまさに誰かとの
コミュニケーションの連続。
上司の返事ひとつで
成否が決まることも多い。
そんなとき、
「仕事をうまく回せる人」は
どのような言葉遣いを
駆使しているのだろうか。
うまい言い方とダメな言い方の
違いを見ていこう。

ムダに思える仕事を断りたい！

会社員には「この作業は本当に必要なのか？」と思ってもやらざるを得ない仕事が多い。例えば上長の許可をとるために慣習化された社内資料作り。口頭確認で十分だと思える内容でもなかなか断りづらいもの。どんな言い方ならスムーズに断れるのか？

ダメな言い方

この資料作りは本当に必要ですか？

うまい言い方

余計な手間をかけさせたくないので、口頭で手短に伝えていいですか？

POINT

露骨な言い方だと相手に「ムダなことをしている」という事実を突きつけることになってしまう

反論しても揉めるだけなので、メリットを伝えればいい

最初のテーマは会社での「ムダに思える仕事」の断り方です。

若手だと、上長の許可取りのためだけに口頭でも十分に伝わる内容の資料作りを先輩から頼まれたりしますよね。

そんなときに「この作業は本当に必要ですか？」と火の玉ストレートを投げ込めば、暗に「ムダなことをやっている」という事実を伝えることになります。当然、相手は反論されたと感じるので、険悪なムードになってしまうと思うのですね。

こういう場合は、資料を作らずに口頭で確認することが上長にとってもメリットであることをアピールするといいと思うのです。

ただ、これを伝えるときに忘れてはいけないのが、「〝ムダな仕事〟かどうかを判断するのはあなたではない」ということ。意識高い系の会社員にありがちなのですが、

効率ばかり考えて相手のことを考えないという傾向があります。

ムダな仕事かどうかをジャッジするのは、あなたではなく上長です。もちろん上長がなんの考えもなしに慣例に従って社内資料の作成を命じている可能性も否定できないのですが、何かしらの理由や考えがあって命じている場合もあります。

例えば、部下からの口頭説明が多いと失念しないようメモを取るのに手間がかかり、ほかの仕事がおろそかになるので、それを防いでいる可能性もあるわけです。

だから、上長に相談する際にも、「資料を読む余計な手間をかけさせたくないので、口頭で手短に伝えてもいいでしょうか？」などと聞いてみるのがいいと思うのです。

それで資料作りがなくなれば御の字ですし、仮に「資料を作れ！」と言われたら、それは〝ムダな仕事〟ではないことが確定するわけです。理由を知りたいと思っても、それ以前に上長が明言した仕事というのは、ムダな仕事ではないのです。

だから、悩む暇があったらさっさと聞いてみるほうが早いと思うのです。

それを、本当の答えを知っている上長ではなく目の前の先輩に相談をしている時点で、まさにムダな仕事に時間をかけていることになっているわけですから。

02

優柔不断な上司に自分の意見を通したい

直属の上司が「売り上げをもっと伸ばそう!」と大号令を発してきた。しかし、部下が目標達成のためにさまざまな提案や進言をしても、「う〜ん」と唸るばかりで全然動こうとしない。そんな優柔不断で腰が重い上司を、うまく動かす言い方はないか?

ダメな言い方	うまい言い方
このやり方ならうまくいくと思います！	他社はこの方法で利益を出しています！

POINT

「売り上げを伸ばしたい」という言葉は実は上司のホンネではなく、単なる建前かもしれない

「リスクを負いたくない」という相手のホンネを知ろう

最近は、多くの会社が「ビジョン」やら「ＳＤＧｓ」とかいう言葉を使って、社会貢献を謳っていたりします。でも、そんな会社であっても社会貢献を第一に考えているのかというと、そんなことはありません。会社の利益や従業員の給与、取引先との関係性とかを優先しつつ、それでも余裕があったら社会貢献やら環境に配慮する……みたいな、おままごと的にリソースを割いたりするのが基本なわけです。

世の中には「本音と建前」があるということですね。そして、それは会社だけの話ではありません。

例えば、上司が「売り上げを伸ばそう」と言ったとしても、本当に売り上げをあげることが第一優先ではないことも多いのです。もちろん、売り上げを伸ばす気持ちは間違いなくあるのですが、その前に「俺が面倒なことをしないで済むように」とか、「リスクは負いたくないけど」という枕詞がついていたり、もしくは「失敗して恥ずかしい思いをするくらいならやらない」という本音があったり……。

そんな感じで公言をしていないだけで、上司には優先順位があるわけです。部下が「こうやったらうまくいくと思うので、やりましょう！」と進言しても、スルーされることが多いのは、そういう隠れた理由があったりするのです。

一方で、他社がそのやり方でうまくいっているのを知ると、急に上司が乗り気になったりすることがあります。つまり、上司にとっての優先事項を知らないと、本題である売り上げを伸ばす進言や提案をしても意味がないのですね。


ただ、そんなホンネを上司が公言するはずもないので、周りの人でもわからないのが基本。そこで、まずはどういった部分が反対理由なのか、提案を却下されるたびに聞き出しておくのがいいです。建前を言ってきたり、「俺はこのやり方がいいとは思わない」など個人的な感想に終始することもあるかと思いますが、何度か繰り返すうちに、上司が本当に優先している事項がわかるようになったりします。

そうやって上司が嫌がっていることを知れば、逆に提案を受け入れやすい形に変更しやすくもなるし、周りの人と比べて優位に立ちやすくもなったりするのですよ。

03

提案内容をうまく説明したい

社内で新企画を提案しようと思っている。内容には自信があるし、十分に利益を出せる試算もある。しかし以前、同じように新企画を提案したところ、うまく内容を伝えられずＮＧになってしまった。どう伝えればちゃんと相手の興味を引けるか？

ダメな言い方

新企画を考えたのですが、説明のお時間をいただけますか？

うまい言い方

十分に利益が出る企画を考えたのですが、聞いてもらえますか？

POINT

相手が聞きたくなる内容だけでは不十分。「話す順番」を考えないとダメ

相手が興味を持ちそうな部分を「先に」話して、後から説明する

企画会議など相手の話を聞く前提の場であっても、話をしっかり聞いてもらえないことは多いですよね。その理由は単純で、相手に聞く気がないからです。それなら相手の興味を引き、聞きたくなるような話をすればいいのですが、実際にはそれだけではダメで、「話す順番」が大事です。

例えば、猫好きの人に「めちゃくちゃデカい猫を近所で見た」ということを伝えたい場合。「すげーデカい猫を見たんだよね。1m近くありそうな。塀の上にいたんだけど」と切り出したら「マジで!?」と、興味を持ってくれるはず。

逆に話のヘタな人は、「暇で近所を散歩していたら、角を曲がったところに塀があって……」と猫に出合うまでのストーリーを時系列に沿ってダラダラと話したりします。興味のない話を時系列でしても、「その話は面白いの?」と思われるだけです。

このテクニックは当然ビジネスの場でも利用できます。企画の提案をする際に、「半期に1億円ぐらい利益の出る企画を考えたのですが、聞いてもらえますか？」と言われたら、「どれどれ？」と聞こうとする上司は多いはずです。

反対にそれを、「新企画を考えたんですけど説明の時間をいただけますか？」と言われても、「またつまらない企画を聞かされるのに時間が取られるのか……」とスルーされる確率が高くなるだけ。相手が忙しい人であればなおさらです。

興味の対象が利益なのか何なのかは相手次第ですが、相手が興味を持ちそうな企画があるなら、「その部分を先に話して、後から細かい説明をする」ほうが、相手を聞く気にさせられます。営業でも同じです。例えば業務負担を減らすシステムの営業なら、システムの説明から話すのではなく、業務負担がどれだけ減るかを話したほうが相手も意図がわかります。

ちなみに、これは企画書やら文章の書き方でも同じで、最初に相手が興味を持つような話を持ってくることで、読み手は続きが知りたくなります。そんな話し方をするくせをつけると、生きていくうえでいろいろと便利ですよ。

04

上司からうまく助言を引き出したい

担当する仕事が難航し、上司にアドバイスを求めた。しかし、「どうすればいいでしょうか？」と伝えたところ、忙しいらしく「自分で考えてよ」と、けんもほろろ。多忙な人からでも上手にアドバイスを引き出す言葉はあるのか？

ダメな言い方

何かアドバイスを
ください

うまい言い方

これよりも
いい案はありますか？

POINT

わざと突き放して成長を促す上司もいるので、ストレートに聞けばいいというものではない

プライドが高い人には、能力を試すような聞き方が効果的

仕事が手詰まりになったとき、自分より知恵を持つ人から適切な助言をもらえたらラクですよね。そうやって人から知恵を引き出す際には、「対象がどういう人なのか？」によって、話し方や内容を変えるのが効率的です。

相手が優しい人なら「アドバイスをください」と言えばいいだけですが、キレ者で仕事ができる上司の場合、わざと突き放して部下の成長を促そうとするかもしれません。「アドバイスをください」と素直に聞いても、「なんでお前の仕事を俺が考えないといけないの？」とか言われたりすることもあります。

そもそも、「この企画、どう思いますか？」とか、「ここ、どうしますか？」みたいなざっくり質問だと、どんな相手でも答えにくいのです。なので、こういうときは聞き方を変えるといいです。

例えば、企画書で難航した場合なら、なんでもいいので自分で考えた「最強の案」を伝えてみる。それを上司にぶつけて、「このような案を考えているのですが、ダメですか?」と聞くと、話したがりというか、ダメ出しをしたがる上司はアドバイスをくれます。もし、「まあ、いいんじゃない」などと返されたら、その案で十分だと認めたわけなので、そのまま通せばいいだけです。

また、プライドが高い上司の場合には、具体的な自分のアイデアを提案しつつ「これよりもいい案はありますか?」みたいな聞き方をするのも手です。そのうえで、「俺的にはこっちのほうがいいかな」とか言われたら、それに乗っかればいい。

頭のいい人というか、プライドの高い人であるほど、「これ以上のものはないですよね?」とか言われると、「いや、あるだろ!」と反応して、ちゃんと頭を使って答えてくれたりします。その人の能力を試すような煽った聞き方をすると、相手は意図せずして自分の能力を披露してしまうわけです。

勘違いしてはいけないのが、企画の進行状況とか概要を具体的に説明してもダメです。あくまで「自分の具体的なプラン」を伝えて、対案を求めてください。

05

振られる仕事の量を減らしたい

上司から仕事を振られまくりで、もはやキャパオーバー。外注に回すなり、仕事量を減らすなりしてもらいたいが、上司からは「そこを考えてなんとかするのが仕事だ」と言われるのがオチ。なんと伝えれば、こちらの考えに納得してもらえるか？

ダメな言い方

作業する時間が足りません

うまい言い方

取れる時間が一日30分なので3か月かかりますが、いいですか？

POINT

仕事を振る立場の上司は、あなたの仕事が「どれだけ大変なのか」がほぼ見えていない

「いかに時間が足りないか」を上司にも〝見える化〟する

サラリーマンは使い放題。そんな言葉を耳にすることもありますが、仕事ができる人ほど新しい仕事をどんどん振られて大変なことになることはよくある話。やみくもに「時間が足りないです」とか、「一部を外注に出してもらわないと無理です」と言っても理解してくれないと思います。

こういうパターンの場合、仕事を振る人は、仕事を振られる側がどんな感じで時間が足りないのか見えていないことが多いです。「今の仕事をこなせているから追加で依頼しても大丈夫だろう」くらいの考えなのだと思うのです。

そうやっていくら口で説明してもなかなかわかってもらえないのであれば、「いかに時間が足りないか」を見えるようにするのがいいと思います。例えば、どの作業にどれくらいの時間がかかっているのかをリスト化し、「この新規業務ができるとしても一日30分ぐらいなので無理です」と伝えるのもアリだと思います。

また、〝上司の判断基準〟がわかる場合は、それを上手に伝えることで、自分の負担を軽減させることもできます。スピード感を重視しているなら「早く形にするためにも一部を外注するのはどうでしょうか?」と伝えたり、完成度を重視しているなら「物理的に時間が取れないので、優秀な外部スタッフに頼んだほうがいいです」と伝えたりする。

とはいえ、「時間が足りないのは効率化できていないから」などと反論されることもあり得ます。そんなときは、「考えましたが、思いつきませんでした」などとのらりくらりかわしながら、「相手が何かしらの決定を下す状況」を目指しましょう。

つまり、無理であることを話し合ってなんとかしようとするのではなく、実情を見せて、「この無理難題をクリアするなら、どっちにしますか?」と提案する状況にまで持っていくわけです。例えば、「一日30分ずつ進めて3か月後になるのか、外注して1か月で終わらせるのか? どちらを選びますか?」となれば、上司がどちらを選んでもあなたの負担軽減になる。加えて、そこで出てきた選択に従ってうまくいかなかったとしても大丈夫。だって、意思決定をした責任は上司にあるわけですから……。

ZURUI

06

遅刻ばかりで迷惑をかける同僚を改心させたい

一緒に仕事をしている同僚は遅刻の常習犯。社内のミーティングに遅れてくるのならまだしも、大事な取引先との打ち合わせにも遅刻してくる。なんとか遅刻癖を直してもらいたいが、「遅れるなよ！」と言っても効果は薄い。なんと伝えればいい？

うまい言い方	ダメな言い方
遅刻するとキミが損をするよ	絶対に遅刻しちゃダメだよ！

POINT

どんなに強い言葉を使っても、「遅刻をしてもなんとかなる」と思っている人には効果が薄い

「早めに行くほうがお得な状況設定」をつくるほうが解決に繋がる

遅刻癖があると言われている僕ですが、そもそも遅刻をしようとは思っていません。例えば、海外旅行で飛行機に乗り遅れたら余計なお金も手間もかかるので、遅れずに行動しようという決意はあります。

でも、その決意はあまり意味がなかったりします。なぜなら、2時間前に空港に到着しようと思っていても、実際は1時間30分前に到着すれば問題ないと知っているからです。

すると、余裕をもって行動していたのが、だんだんとギリギリになり……。このように、「遅刻をしてもなんとかなる」と一度でもわかった人の行動を変えることは難しいのです。

でも、そんな僕も最近は飛行機に乗り遅れていません。どうしたかといえば、早めに行かないと損をするような状況に自分を置くようにしたからです。

国際線の話なのですが、住んでいるパリと日本を行き来していると空港のビジネスラウンジで、無料で飲食ができるようになったのですね。ほかにもビジネスラウンジを使える「プライオリティ・パス」という、普通に入会すると数万円かかる会員権みたいなものが付帯している年会費1万円のクレジットカードに加入するわけです。

すると、ラウンジで食事をするために早めに空港へ向かうよう行動をするわけです。遅刻をしないのは無理なので、別の目的を設定して、「早めに行ったほうが得になる状況設定」をするという解決策ですね。

つまり、遅刻してほしくないときは、遅れずにくるとお得になったり、遅刻をすると損をするポイントを伝えるのがいいわけです。

例えば会食なら「コース料理だから遅刻したら食べられないよ」とか、商談なら「悪印象さえ与えなければ契約はほぼ確実に合意できるからボーナス上がるぞ」とか。

ただし、遅刻癖のある人は、遅刻しても大丈夫だとわかったりすると平気で遅れたりするので、毎回同じ作戦だといつか遅刻をするので気をつけてください。

07

反対意見を黙らせたい!

仕事でAとBのデザイン案どちらかを選ばないといけない。どちらかが明確に優れているわけではないが、自分はAを推したい。しかし、「Bのほうがいい」という意見も出ている。反対意見を黙らせつつ自分の意見に納得してもらうには、どう主張すべき?

うまい言い方	ダメな言い方
Bがうまくいく根拠を探してみましょう	Aのほうがいいと思います

POINT

「どっちがオシャレか？」のような好みが分かれるジャッジを下す場合、客観的な説明が難しい

自分の意見を通す前に、相手の反対意見をつぶす

正解がないことを決めなければならない状況ってありますよね。例えば、デザインやキャッチコピーを決めるとき。「A案とB案があり、どちらかを選ばなければならない」みたいな感じです。

こういう「どっちがオシャレか?」のようなジャッジは、人によって印象が変わります。システム設計のように合理的に考えられるものと違って、客観的なデータを出すのが難しく、「AのほうがBよりも優れている」という根拠を説明しづらいのです。

それでも、自分が推したい案や意見を通すには、最初から自分が推す案をアピールするのではなく、むしろ反対意見に注目を集めてみるといいです。

まずは「(採用されたくない)Bの案がうまくいく材料や証拠を一緒に探しましょう」といった提案をしてみるわけです。そうやって話し合うなかで、相手の意見がうまく

いく根拠がないことを明白にしていくのですね。

すると結果的に、相手の意見が採用されづらい状況をつくりだせたりします。

とはいえ、それでは反対意見のマイナス部分を示しただけ。こちらの意見(A案)の優位性を示したわけではありません。

そこで必要なのが、前もって〝周り〟を固めておくこと。事前に上長に意見を聞いておいて「そういえば、○○さんもこっちがいいと話していました」と主張したり、関係者に根回しをして多数決で決めてしまうなど、会社内のヒエラルキーや権限を利用するわけですね。

ただ、こういうやり方は後から面倒なトラブルに繋がる可能性もあります。だから僕なら、明確な答えのない決めごとをする際には、どちらか片方にベットする〝賭け〟はしないスタンスを取ります。そもそも、どちらにも張りません。

それでうまくいったら御の字ですし、もし失敗して「最後は賛成したよね?」とこちらに責任を問われても、「どっちがいいか難しい判断だったよね」という共通認識があるので、たいした傷にはならないのです。

08

相手の印象に残る自己アピールがしたい

自分はまだ実績のない新人だけど、今度立ち上がる新規プロジェクトにはぜひ参加したいと思っている。しかし、アピールするだけの経験がないので、どう上司にやる気を示せばいいのか……。相手にしっかり印象づけられるいい自己ＰＲ法はある？

うまい言い方	ダメな言い方
成功のためにうんこを食えと言われたら食います！	ぜひやらせてください！

POINT

実際にうんこを食わされることはまずないので、実質的にはノーリスクで相手に覚悟を示せる

まだ何も経験がないのなら“覚悟”を示してアピールする

見ず知らずの相手にいきなり受け入れてもらうのは難しいです。こういうときに自分の趣味や経歴を言って目立とうとする人がいますが、多くの場合で「ウザいヤツ」とか「面倒くさいヤツ」だと思われるだけ。むしろ、最も効果的なのは相手のニーズに合わせて「自分ができること」を伝えることです。

ただ、相手が興味を持ちそうだからと「この資格があります」とか言うのは、よほど高度な資格でもない限りは言わないほうがいいです。というのも、資格を持っていても「何がどこまでできるのか？」はわからないからです。

僕も面接をすることはありますが、資格を持っていると言われても「ふーん」と思うくらいだし、超叩き上げの人からは鼻で笑われたりします。それなら資格うんぬんではなく、「こんなのを作れます」と、実績を成果物として見せたほうがいい。

とはいえ、実績や経験、成果物がない場合もありますよね。そんなとき誰にでもできるアピールがあります。それは〝覚悟〟を見せることです。

例えば、あなたが新規プロジェクトに参画したいとします。そこで、何か貢献できる確証がない場合は、「成功のためにうんこを食えと言われたら食います。言われたことを必ずやるので、指示をお願いします」くらい言っておくわけです。

もしプロジェクトが失敗しても本当にうんこを食わされることはまずないですよね。要は、そのくらいの覚悟があることを見せると、何かやらせてみようと思ってもらえたりするものです。

最近は、「ワーク・ライフ・バランス」という言葉に乗っかり、「いかに働かないようにできるか?」ということや、そうした権利を主張する若者が増えたりしています。だから、きちんと指示に従うワーカーは好かれる傾向があります。

もちろん、労働基準法を度外視するとかはダメですが、何もできない状態で、どんなことをしてでも相手に覚えてもらったり、一緒に仕事をしたいと考えるのであれば、そのくらいの覚悟を示さないと厳しいと思いますよ。

目上の人のミスを穏便に指摘したい

大切なプレゼン前の打ち合わせ。先輩が自信満々に作成してきた資料を見ると、どうも方向性が微妙にズレている……。本人は「自信作だ」と言っているが、お互いの立場もあるし感性の部分も大きいので細かくは指摘しづらい。どう修正を促すべきか？

ダメな言い方

資料の方向性がズレていますよ

うまい言い方

あくまで私の感想ですが、方向性がズレている気がします

POINT

間違っているという客観的事実がないと、相手が「攻撃されている」と感じて頑なになるだけ

証明が難しい場合は、「感想」のほうが相手も受け入れる

何かしらの事象に対して指摘する場合、大切なのは客観的な視点です。なので「指摘することが正しい」と判断できる場合でない限り、ヘタな指摘をしないほうが安全ではないかな、と思うのです。

そもそも指摘するというのは、問題となる事柄を取り上げて示すことです。

しかし、自分が指摘すべきだと思っても、実際にはたいした問題にならないこともあります。さらに自分が「正しい指摘」だと思い込んでいるだけで、間違った指摘になってしまう場合もある。

例えば、上司や先輩が用意したプレゼン資料があったとして、それを見たあなたが「なんかアピールする方向性がズレていないか?」と感じたとします。もちろん、その感性が正しい可能性もありますが、その「なんかズレている」という部分を、客観

的に証明することは難しかったりすることが多いです。

しかも、プレゼンの内容次第では、「あえて方向性をズラしたほうがうまくいく」といった場合もあります。

そういった客観的証明が難しいことを指摘されると、「自分は攻撃されている」と感じる人もいます。上司や先輩など目上の人だと、より感じやすそうです。

では、何も言わないほうがいいのかというと、それも違います。

指摘ではなく「こう思う」という〝感想〟を伝えればいいのです。そのほうが攻撃だと思われず「これも一つの意見」として、受け入れてもらえる可能性が高いからです。

このケースも、正確に言えば「プレゼン資料の方向性をどうするか、難しい判断だと思うのですが、私の感想としては微妙にズレていると思う」というものになります。

時には正しい指摘よりも、あくまで個人の感想として意見を伝えたほうが、すんなり物事が進むこともあるのです。

会議で発言を促して、議論を活性化させたい

会社でスマホアプリの新規企画会議を開催した。参加者には積極的に発言したりアイデアを出したりしてほしいが、「どんどん言ってください」と伝えても、まるで議論が盛り上がらない……。どういう進行をすれば会議がもっと活性化するのか？

うまい言い方	ダメな言い方
突拍子もないアイデアですが、こんな案はどうでしょうか？	いいアイデアや意見があれば、どんどん言ってください

POINT

参加者は「ヘタなことを言うと損をする」と思っているので、発言しやすい空気づくりがなにより重要

自分があえてバカになって、発言のハードルを下げよう

企画会議などでよかれと思って発言をしても、反論やダメ出しをされたら〝言い損〟だと感じるもの。「それなら何も言わないほうがいい」と考えるのが普通です。ならばアイデアや意見を出した人が得をする状況に持っていけばいいわけですが、それも難しい場合があります。大勢がいる場では全員が納得したり一目を置く意見でないといけないからです。だから結局、「沈黙は金」という判断になるのですね。

この状態は、一言でいうと〝発言をするハードルが高い〟ってことです。そんな状況で「いいアイデアや意見があれば、どんどん言ってください」とか伝えても無意味。本当に議論を活性化させたいなら発言のハードルを下げるのがいちばんなのです。

そのための手っ取り早い手段は、会議の前に「必ず一人一案を出してください」とルールを伝えること。そのうえで自分から、〝とんでもなくつまらない案〟や、〝実現

不可能なアイデア〟を言ってみることだと思います。

例えばマッチングサービスを作るとして「王族とマッチングできるようにしたらどうか？」とか、「イグアナを飼っている人とマッチング」とか……。はたまた飲食店の新商品開発会議なら、「トッピングに食べられる虫を入れるのはどうか？」とか、「誰もがマズいと感じるラーメンはどうか？」みたいな意見を述べる感じです。

要は、自分が愚者になることで発言のハードルを下げるわけです。

大事なのは、なるべく冒頭でレベルの低い話をすること。人間は「自分の意見に価値がある」と考えれば、自分からしゃべりだす傾向があります。「あ、そんなレベルでいいの？」とか、「この人のよりも自分のアイデアのほうがマシだわ」と感じれば、プレッシャーが一気になくなったりします。

一方で、「レベルの低い意見ばかり出てきたら意味がない」と考える人もいるとは思います。ただ、レベルの低い意見がきっかけで話がいい方向に進む可能性もあるので、決してネガティブなだけではありません。あくまで目的は、議論が活性化して議題がブラッシュアップされること。その目的を達成できればOKなわけですから。

第2章

営業やプレゼンにも使える

「成果を出す人」の言いまわし

仕事の成果には2パターンある。
利益を上げるプラス面の成果と、
利益を毀損させるような
マイナス面を防ぐ成果だ。
どちらであっても、
言葉選びひとつで大きく
成否が変わることがある。
きっちり成果を出す人の
言葉術を伝授！

11

プレゼンに説得力を出したい

プレゼンで自分のアイデアに説得力を出したい。しかし、実現不可能な大風呂敷を広げると、失敗したときのダメージが大きい。嫌なツッコミを回避しつつ、相手をその気にさせるような「ひろゆき流プレゼン」のコツはないか？

うまい言い方	ダメな言い方
失敗するリスクも想定済みです	成功すればこんなにメリットがあります

POINT

「成功するメリット」よりも「失敗するリスク」をうまく伝えるほうが、相手に動いてもらいやすい

夢物語は誰にでも書けるので、うまくリスクを伝えるのがカギ

説得力を出す方法はたくさんあります。例えば、プレゼンの上級者だと話し方や立ち居振る舞いで説得力を醸し出します。

一方で、説得力がないプレゼンの代表格が、「失敗が想定されていないプレゼン」です。「成功したらこんなメリットがあります」といった〝夢物語〟は誰にでも描けます。しかし、リスクが考慮されていないと、「子供が書いたのかな？」と、疑問ばかり湧いて一気に説得力がなくなるのです。

では、素人でも説得力を出すにはどうすればいいのか。必要なのは「数字とその根拠となる要素を示すこと」と、「ネガティブな情報も伝えること」です。

まずプレゼン資料の1枚目に数字と根拠を書きます。例えば「実施すれば約1億円の売り上げが見込めます。なぜならテスト販売での結果がこうだったからです」と

いった具合ですね。

重要なのは2枚目です。ここには相手がツッコんできそうな要素を書いておきます。そして、「こういった意見も想定されますが、補足資料はこちらです」と伝える。こうして先手を打つだけで、聞き手の反論を想定済みだと見せることができます。結果的に、「こいつ、ちゃんと考えているな……」と相手に思わせるテクニックです。

ただ、1枚目の売り上げ見込みの数字を達成するための根拠や、ツッコミを覆すための根拠が弱いパターンもあります。そういうときは、仮に失敗をしても痛手ではないこと――例えば、その事業にかかるコストの低さをアピールする手があります。

「もし大失敗しても、ダメージはコスト分だけなので大きくない」

そう伝えて、「痛手が少ないなら、挑戦してもいいんじゃないかな？」と思わせる手法です。

ほかにも、「失敗しても取引先との関係は強固になります」と利益以外のプラス要素を挙げて、ただの損失で終わらないという〝保険〟を用意する手もあります。いずれにせよ、成功よりも失敗するリスクをうまく伝えたほうが相手は動いたりしますよ。

12

プレゼンで意図をうまく伝えたい

用意周到に準備したプレゼン。取引先の偉い人を前に、スライドを使いつつ丁寧に説明したつもりが、相手にはあまりピンときていない様子で反応もイマイチ……。百戦錬磨のお客さまに対し、どんな説明をすれば意図をうまく伝えられるのか？

ダメな言い方	うまい言い方
手元の資料に沿ってご説明します	一言でいうと○○です

POINT

ダラダラと長く、相手が「何を判断すればいいのかわからない」という説明の仕方では、飽きられて当然

決定権を持つ頭のいい人には、要点だけで十分に伝わる

僕はプレゼンをされることも結構あるのですが、ダメなプレゼンには特徴があります。それは「相手が何を判断したらいいのかがわからない」ということです。プレゼンをするということは「○○万円を出資してください」とか、「転勤したいので人事命令を発令してください」とか、何かしらの目的があるはずですが、そのための説明や思いがダラダラ続くと、相手は何をするべきなのかがつかめなくなります。そんなプレゼンは途中で飽きられて当然です。

逆にいいプレゼンは、短くてわかりやすい。少なくとも僕にとってはそうです。僕は今でもたまにプレゼン的なことをしますが、何枚もスライドを用意するのではなくA4の紙一枚に端的に、前提、目的、手段、目標、体制を箇条書きで記します。というのも、決定権のある人は忙しい人が多いからです。何十ページにもわたって

詳細が書かれた、日本の家電の説明書みたいな資料を作る人もいますが、忙しい人はそんなのしっかり読みません。そこから知りたいことを探すのだって面倒です。

そもそも、プレゼンの場で伝えなければいけない〝本当に必要な情報〟は、そんなに多くありません。詳しく説明「できる」必要はありますが、詳しく説明「する」必要はないのです。

事実、僕が役員をやっている会社がグーグル社にビジネスプランを提出したときも簡素なテキストでしたし、それで通りました。決定権を持つ頭のいい人たちには、要点を伝えるだけでも十分に意図が伝わるのです。そんな感じなので、プレゼン時間も3分くらいです。ぶっちゃけ聞いている側も短いほうがラクだし、シンプルに説明したほうが理解度も高くなる傾向があります。

なので、例えばプロジェクトを説明する際には、「手元の資料に沿ってご説明します」と順に説明するのではなく、「このプロジェクトは一言でいうと○○です」とシンプルに伝えたほうがベター。その時点で食いつけばしっかりと話を聞いてくれますし、興味がなかったら、プレゼンの趣旨が微妙だったという話でしかないのですよ。

13

営業をスムーズにクロージングしたい

営業をしていると、いかにクロージングをかけるかが勝負の分かれ目になることが多い。相手も品質に納得してくれているが、あまりに押しつけがましくすると印象が悪くなるので悩みどころ。なんと推しの言葉を伝えれば成約の確率が上がるのか？

ダメな言い方	うまい言い方
ぜひご検討ください	いつごろご検討が終わりますか？

POINT

相手に判断を委ねなければならない状況でも、判断を待つだけの状況をつくってしまうのはよくない

相手に〝ボール〟を渡したままにせず、自分から投げるくせをつける

どんな商材でも同じですが、営業マンにとって最後の詰めがいちばん重要です。他社製品と比べて値段が安く品質がよければ相手は乗ってくるでしょうが、既存の取引先との関係なんかもあって、それだけで決着しないときもあります。

そういう〝もうひと押し〟が必要なときに「ぜひご検討ください」的なことを伝えても連絡はほとんどこなかったりするもの。

むしろ必要なのは、あなたから次の連絡をしやすくするための状況づくりです。

そもそも、営業している時点でお客さんからはウザいと思われているのですから、今さらそこを気にしても仕方がありません。少しでも押しつけがましい感じを減らしたいなら「こちらから連絡を差し上げます」と伝える前に、「いつ頃ご検討が終わりそうですか？」と、判断が決まるまでの目安を聞くのがいいです。

お客さんが「今週いっぱいかなぁ」などと言えば、「では、週明けにご連絡を差し上げます」と言う。こうやって、相手にボールを渡すのではなく、自分からボールを投げるくせをつけたほうが契約を取れる確率は上がると思います。

もちろん、結果的に断られることもあるでしょうが、連絡をすることで契約以外のメリットも生まれます。それは、相手から「自社製品のどこがダメなのか？」という情報を得られる点です。

例えば商材がウォーターサーバーだった場合、いくら相手が品質やら値段に納得していたとしても、そこまで水質の違いがあるわけではなく、製品の性能差もほぼない。だから何を選ぶかはお客さんの好みの問題みたいな場合が多いです。

そういう製品ほど、「どうして導入を取りやめたのか」とか、他社を選ぶ理由を知ることが今後の契約を取るためには必要です。

本当に水質にうるさい人なら、いつ清掃したかもわからないウォーターサーバーではなくペットボトルの水を飲んでいるはずなので、もし同業他社のウォーターサーバーを選んでいたとしたら製品とは別の理由があるはずですから。

14

得意先からの無茶ぶりを断りたい

いつも仕事を受注しているお得意先から、予算的に厳しい案件依頼が来た。相手の言うままに請け負った場合、収支的にはよくてトントン、おそらくは赤字なので正直断りたい。長年の関係性を壊さず、後腐れなく断るにはどう伝えるのがいいか?

ダメな言い方	うまい言い方
この内容だと、ちょっと厳しくて……	この内容だと、○○万円の赤字になります

POINT

へんに遠慮して柔らかいニュアンスで断ろうとすれば「そこをなんとか！」などと食い下がられがち

柔らかいニュアンスは避けて、数字も交えて具体的に伝える

仕事はボランティアではないので赤字になる仕事なら断るのが普通。でも、長い付き合いの相手だと関係を悪化させたくないので断りにくい場合もあると思います。

とはいえ、「これは厳しいですかねぇ」とか、「これだとちょっとウチの利益が……」といった、柔らかいニュアンスで伝えるのはよくないです。

だって、相手にはあなたの本心なんてわからないから。「その額だと利益が出ないので厳しいです」と伝えたとしても、相手が「価格をつり上げようとしているのではないか？」と疑念を抱いてしまうことだってあります。

それなら、「この金額だとウチは〇〇万円の赤字になります」と、数字を交えて明確に伝えるほうがいいです。利益ではなく出費がかさむことを知ったら、相手もさすがに理解すると思うのですね。

反対に柔らかいニュアンスで言うと、「そこをなんとか！」などと食い下がってこられることもあります。最悪の場合、「ウチも利益度外視でやっている仕事なので」なんて言いだされて、「じゃあ、なんとかやってみますか……」とムリをして依頼を受けざるを得ないパターンもあり得ます。

自分としては親切心でやっても、相手が「自分のために本当に頑張ってくれたんだ」と思うかはわかりません。表面上は感謝されても、本心では「ムリを言っても対応してくれる都合のいい人」と思われるだけでなく、「やっぱり価格をつり上げようとしてウソを言ってたんだな……」と疑惑をかけられる危険性まであります。

親切心から身を切ってまで動いたのに、ウソつきと認識されてはまるでメリットがありません。それどころか、今後の仕事を発注されなくなるリスクすら出てきます。他人の内心というのは考えたところで永遠にわかりません。

本当にムリな状態であれば、ふんわりと差し障りなく伝えるのではなく、正直に理由と状況を伝えて断るほうが、今後の関係を継続していくにはお互いにとってベターだったりするのです。

15

相手にとって面倒な仕事を受けてもらいたい

仕事をしていると、「めちゃくちゃ忙しい人にスケジュールを取ってもらう」といったお願いしづらい依頼をしなければならない場面がある。相手にメリットがほぼない状況下でお願いをするには、どう伝えれば〝心を動かす〟ことができるのか？

うまい言い方	ダメな言い方
面倒な事前準備は、こちらで終わらせておきます	なんとか受けてもらえませんか？

POINT

相手にとってはデメリットしかない一方的な頼み方では「NO」と言われて当然

自分が持つ〝手札〟を使い、何かしらメリットをつくり出す

断られて当然のお願いを相手になんとかのんでもらうという、無理難題があったとします。例えばマスコミの人だと、メディアに出たくない被害者家族に取材をするとか、犯罪歴のある人に独占インタビューを取りたいときがあると思います。

こういうときは取材を受けるメリットがデメリットを上回れば、「受けてもいいかも?」と思ってもらえる可能性があります。

手っ取り早いのは出演料を上げるとかです。ただ、これは予算がなければ難しいですし、そもそも相手がお金に無頓着だったら意味がない。

そんな状態の相手に応じてもらうには、「なんとか受けてもらえませんか?」などと情に訴えたところであまり意味がなく、頭を使って工夫をするしかありません。

例えば「機会を与える」という方法です。仮にバッシングを受けている著名人がい

て、あることないこと含めて噂が広がっている状況だとしたら、「誤解も多いと思うので真実を伝えましょう」と反論する場だと捉えてもらうようにする。これなら相手にもメリットが生まれますよね。

ほかにも相手がめちゃくちゃ忙しい人なら、手間をかけさせないよう「チェックは最低限にします」と伝えるとか、「面倒な事前準備はこちらで終わらせておきます」など、ほぼ何もしなくていい条件を提示したりすることも相手のメリットになります。

要は何でもいいので自分が持つ〝手札〟を使い、相手のメリットをつくり出せればいいのです。実際にテレビ出演は文化人だとギャラが低いのですが、テレビに出ることで知名度が上がって他の分野で稼げるようになったりします。それと同じで、「安い仕事だけど、ほかで稼げる」というメリットをつくるわけです。

こういう誰も損をしない状況は「ウィン・ウィンの関係」とか言われたりしていますが、それが考えられると仕事ができるといわれたりします。ただ、結局は相手の立場になって考えることができるかってことなのかもですが……。

16

スケールの大きな話をうまく伝えたい

ウチの会社ではムダな経費が多く、試算したら年間４億円分も削減できることがわかった。しかし、社員一人ひとりにその重要性を理解してもらうのが難しい。どのように説明したら、ちゃんと自分ごととして意識してくれるのだろうか？

ダメな言い方	うまい言い方
ムダな経費が4億円もかかっています	あなたが100年働き続けてようやく稼げる額がムダになっています

POINT

額の大きな数字など「途方もなく大きな話」を伝える場合、漠然とは理解できても実感は得づらい

相手が〝肌感覚〞で理解できる言葉に置き換える

多くの人にとって馴染みのない「途方もなく大きな話」というのは、漠然とは理解できるものの肌感覚では理解しにくいものです。

わかりやすいところだと、大きな数字の話。例えば東京都庁のプロジェクションマッピングで「7億円が使われている」という話がありました。もちろん、「7億円という数字がとても大きなお金である」ことは誰もが理解できるし、それが税金で賄われるのは無駄遣いかもしれないと理解ができます。

しかし、7億円と言われても「その税金の無駄遣いを抑えたら、自分にどんなメリットがあるのか？」は理解しにくいですよね。だから一時的に批判の声があがっても、結局は何事もなかったかのように実施され、今では話題にすらならなくなりました。

このような〝スケールの大きな話〞を深く理解してもらうには、相手が肌感覚で理解できる直接的な言葉に置き換えることです。東京都のプロジェクションマッピングのケースでは、ムダと言っても理解されないですが、「事業費削減で税金が○○円安くなります！」といった表現なら自分ごととして理解できる人が増えます。

これは会社の話題でも同じです。例えば4億円分のムダな経費を削減させる話があるとして、そのムダを年収400万円の人にわかってもらうなら、「あなたが100年働き続けてようやく稼げる金額です」といったたとえを使ってもいいです。住宅ローンを払っている人なら、「4000万円の戸建てが10軒買える」とか、「1億円の高級マンションが4部屋も買えます」と伝えてもいいと思います。

ただし、「100年働き続ける」とかだと途方もない期間すぎて想像がつかない人もいるので、「大正時代から働き続けてやっと返せる」とか、「部署全体の売り上げが20年間なくなる」みたいな表現にしたほうが理解しやすいかもしれません。

ポイントはあくまで、相手の立場になり〝肌感覚で理解できる何か〟にたとえること。もちろん、人によって肌感覚は違うので絶対的な正解はないのですが、そこは想像力を働かせてみましょう。

17

怒っている人をうまくなだめたい

会社にクレームの電話が入った。話を聞くと確かに自分たちに落ち度があるので謝罪をしたが、なかなか怒りが収まらない様子。「上司に代われ」「代表を出せ！」と、どんどんヒートアップしてくる……。なんと言えば落ち着きを取り戻してもらえるか？

うまい言い方	ダメな言い方
なるほど……。(少し間をとってから) さようでございますか	申し訳ございません でした！

POINT

謝ってばかりだと、相手の怒り（＝気持ちのいい状態）が継続してどんどんヒートアップする

会話のテンポを落として相手が〝冷静になる時間〟を稼ぐ

「怒っている人を言葉で落ち着かせることはできない」というのが僕の考えです。怒っている人のなかには、自分が不快な思いを誰かにぶつけたいだけの人もいるからです。そういう人には何を言ってもムダで、どんなになだめても言葉尻や態度、言い方などに難癖をつけて怒りをぶつけてきます。

「時間が解決してくれる」という言葉があるように、怒りを納めるには時間の経過がいちばん。というのも僕の経験上、人間の怒りは短時間しか継続しないからです。

反対に「長時間怒られたことがある」という人は会話を継続しているからです。怒っている人はアラを探して難癖をつけてきたりするので、会話を継続する（＝怒りをぶつける相手がいる）と、気持ちのいい状態も継続してヒートアップします。

だから、必要なのは冷静になる時間です。つまり、怒っている相手との会話を続けず、時間を稼げばいいのですね。

例えばクレームの電話を受ける場合であれば、相手がどれほど大変だったかを聞きつつ、自分たちの落度の有無にかかわらず「それは大変でしたね……申し訳ございませんでした」と謝る。これで落ち着く人もいると思います。

ただ、謝ったことで「どう落とし前をつける?」みたいに具体的な対応を求めてくることもあります。その際には、「私では判断しかねるので、上長に確認を取り次第ご連絡を差し上げますので、何時ごろがご都合よろしいでしょうか?」と丁寧に連絡先を聞いて電話を切るのが正解です。

その際にはなるべく会話のテンポをゆっくりにするといいです。逆にキレられそうな気もしますが、人間は相手の話すペースに巻き込まれてしまう習性があります。怒っている人は早口になりがちなので、「なるほど……さようでございますか」と〝間〟を置くと、相手が冷静になるタイミングが増えます。

そうやって相手の怒りが収まり、冷静になってから話さないと、ヒートアップしてよけい大事になって面倒なことになったりしますよ……。

18

炎上トラブルをうまく解決したい

自社製品に問題がありSNSで炎上騒ぎにまで発展してしまった。投稿主に対して自社の不手際を認めつつ、なんとか穏便に事態を収束させたいがどうしたものか……。こちらが不利にならないように情報を消してもらうには、どう伝えればいいのか？

ダメな言い方	うまい言い方
投稿を消去してくれませんか？　そのほうがお互いのためです	こちらはお詫びの品です。消去の判断はお任せします

POINT

「注目を集めたい」という人もいるので、相手のデメリットをにおわす言い方はしないほうがいい

炎上後は「まともな対応をした」という事実を残したほうがいい

今ではSNSに商品への不満やクレームをアップする人も大勢います。企業からすればネガティブ情報を放置してはさらなる非難を招きかねないので、なんとか穏便に火消しを試みたいものですよね。そこで写真をアップした人に連絡をするわけですが、その際の対応次第では余計に醜聞が広まることもあります。

特に「アップした情報を削除してほしい」と依頼するのは注意が必要です。数年前にも某カップ焼きそばの商品にゴキブリが混入していた写真が出回り、メーカーの担当者が謝罪に赴き、「お互いのため」と投稿を削除させて品代を返金した話がありました。その結果、メーカーはさらに炎上してしまったのですね。

これはまさに悪手。SNSは承認欲求を満たすツールでもあるので、「商品代をもらうくらいならネット上でネタにしていっときの有名人気分を味わいたい」と思う人もいるのです。

そもそも、ユーザーが自分の身の回りに起きた事実をSNSにアップすることは法律に触れません。ぶっちゃけ、話を盛ったり脚色したりするのも自由。つまり、〝自分が正しいと思わせるようなことを書き放題〟という、平等ではない状況なのです。

仮にSNSに虚偽のクレーム情報を掲載しても、確実に虚偽である証拠を出せないと〝悪魔の証明〟状態になるので対応不可能なのです。

だから、「お互いのため」とか、相手へのデメリットを伝える言いまわしはしないほうがいい。あくまで「消去の判断はお任せします」としつつ、「こちらはお詫びの品です」と、何かを贈ればいい。そのうえで、相手がエスカレートして金品を要求したら、今度はゆすりになるので裁判をすればいい。さらにSNSで相手が炎上させようとしたら、事後のやり取りを事実として伝えればいい。

まともな対応の事実があれば結果的に炎上をさせているほうにネガティブな目が向けられ、逆にイメージがよくなることもあります。遠回りの感じもしますが、そのほうが最終的にはスムーズにいくのではないかと思うのですよ。

相手のやる気をそがずにダメ出しをしたい

サイトのデザインを外注したところ、先方からの納品物がどうもイマイチ。しかし、「なんか微妙だな……」と思っても、相手がベテランなので修正指示の仕方に気を使ってしまう。相手のやる気をそがずに快く直してもらうにはどんな言い方がいい？

ダメな言い方	うまい言い方
ちょっと微妙なので修正してください	意図を伝えきれなかったので説明させてください

POINT

正当性はこちらにあっても、相手が「やり方を否定された」と感じるような言い方は避けるべき

相手のミスではなく、「自分の伝え方の問題」にする

仕事でのダメ出しは案外難しいもの。正当性はこちらにあっても、相手は「自分のやり方が否定された」と感じて不機嫌になることもあります。

そういう場合の伝え方のコツは、先に謝ってしまうことです。自分が伝えたつもりであっても、意図が伝わっていなかったのは事実。そこを認めて「そのうえで意図を伝える」という流れにしたほうが、相手が気分を害する可能性は低くなります。

続いて直す部分を指摘します。そのときに最もダメな伝え方は、修正理由を明確に伝えないこと。「この部分が微妙で……」などと言われても、相手は何がどう微妙なのかわかりません。

参考資料を何個も出すとか、「もっと子供向けにしたい」「ピンクはイメージと合わない」などと判断基準を伝えないと相手をイライラさせるだけです。

要するに、修正すること自体が相手の気分を害するのではなく、きちんと理由を伝えない言葉選びが気分を害しているのだと思うのです。なので、コミュニケーションコストを下げてあげれば快く動いてくれるのではないかな、と。

むしろ、変に気を揉んで曖昧な言いまわしになるほうが逆効果です。相手の気持ちを逆なでしないように「もう少し直せばさらによくなりそうなので」など、否定感を弱めたニュアンスで伝える人がいるのですが、これはＮＧ。

否定感を弱めて伝えると修正理由も弱くなりますし、とんちんかんな修正版になる可能性すら高くなる。お互いの手間がまた追加で発生する可能性があるのですね。

ただ、どれだけ根気よく伝えても、相手の趣味や主張が強くて修正がうまくいかない……という場合もありますよね。

そんなときは、例えばウェブサイト制作なら、よくないと思う理由を伝えたうえで公開してしまい、実際の反応や数字をもって、「言ったとおりだったでしょ?」と伝える。すると次回から発言力が高まったりします。後から修正が利くような仕事であれば、一度試してみるといいですよ。

20

相手から「重要な情報」を引き出したい

取引先の重役から、今後の仕事に役立つ重要な情報を引き出したい。ただ、信頼関係がそこまで築けていないのでストレートに聞くわけにもいかないし、重要な話ほど教えてはくれないもの。その人しか知らないような「とっておきの情報」を教えてもらうには、どう話しかければいいのか？

うまい言い方

ダメな言い方

何かいい情報を
教えてください

実は、あまり
知られていない
話があるんですけど……

POINT

単純にお願いをするだけでは、相手が「教えてあげよう」と思える状況には誘導できない

「返報性の原理」を活用して、まずは自分の情報を教える

知る人ぞ知る秘密の情報というのはなかなか出てきません。たとえ知っていそうな人に「教えてください」と言っても、重要な情報であるほど話さなかったり、知らんぷりをされたりするのが普通です。

でも、相手が「教えてあげよう」と思える状況に誘導することはできたりします。

それが、「返報性の原理」と呼ばれる心理作用を活用する方法です。これは、相手から親切にされると「お返ししなければいけない」という心理が働くことです。

例えば、道で人とすれ違ったとき。相手から笑顔で挨拶をされると、笑顔で挨拶を返す人がいるのですが、そういう人は無意識のうちに笑顔まで返してしまっていたりするわけです、別に笑顔まで返す必要はないのに。

それと同じ心理作用で、まずはあなたから「実はあまり知られていない話があるん

ですけど……」と秘密の情報を相手に共有すると、「お返しに何か重要な情報を共有しなければ……」と勝手に思い込み、とっておきの情報を話してくれる人がいます。

もちろん、口外してはいけない機密情報まで漏らす人はいないでしょうが、ある種、社会的な常識を備えている人ほど、そうした傾向があるものです。

とはいえ、返報性の原理がまったく通じない人も世の中にはいて、そういうタイプには別の方法があります。それは褒めることです。

世の中には褒め続けられると、「尊敬された状態でいたい」と感じたり、さらに自分をよく見せようとする人がいます。結果、自分しか知らない秘密や私財を出してしまうパターンがあるのですね。

この方法はホストやキャバクラにハマる人の心理に近いのですが、褒められるのに慣れていない人ほど、承認欲求が満たされてお金を使ってしまったりするわけです。

そんなふうに、相手のタイプによって引き出し方というのは違ってくるので、相手がどのタイプかを考えながら話し方を変えてみるといいと思います。ただし、相手のタイプを見極められないと難しかったりするのでご注意を……。

第3章

言葉ひとつで面接結果も変わる「なぜか出世する人」の言いまわし

有休取得の申請ひとつとっても
言い方次第で
相手の印象は変わるもの。
サラリーマン世界での出世には、
数字だけでなく、
社内的な政治力を
高めることも必要だ。
出世街道をいく
世渡り上手なサラリーマンは、
どんな言葉をチョイスしているのか？

21

面接で自分の実績を盛りたい

転職の面接で、相手から「こんな経験はありませんか？」と問われた。実は経験していないけど、素直に「やったことはありません」と言えば、落とされる理由になるかもしれない。ウソはいけないと思いつつも、うまいこと“盛る”言葉選びはないものか？

うまい言い方	ダメな言い方
(経験はないけど)はい、できます	その業務経験はありません

POINT

勝手な解釈で正直に伝えるよりも、ウソにならない範囲で話を盛るほうが得をする場面が多い

「完全なウソ」と「誤解を招きやすい表現」は違う

「ウソをつくのはよくない」。多くの人が子供の頃からそう教えられているでしょうし、僕も基本的に正しいと思っています。でも実際、正直に生きていくよりも、ウソがうまいほうが得をするシーンは世の中に多々あります。

では、ウソをついてもいいパターンとはどういうものか？　それは、ウソをつくことで相手に実害を与えない場合です。

例えば営業時に、相手から「○○を作ったことはありますか？」と聞かれたとします。実際には作った経験はないけど、作れる人を知っていて教えてもらえば作れることがわかっているなら、「はい、できます」と言いますよね。実際に制作を頼まれたら、教わりにいって作ればいいだけです。「完全なウソ」と「誤解を招く表現」の境界をわかっている人は、営業がうまいのです。

面接も同じです。「○○という経験はありますか？」と聞かれて、その後に経験を積めるのなら「できます」と答えてもいいかと。
もちろん、正直に答えて受かるならそのほうがいいですが、面接で何度も落ちるなら、話を盛ったりウソをつくのを試してもいいと思うのです。

このように「相手が誤解しているだけで、ウソはついていない」とか、「聞かれてないので答えない」というコミュニケーション手法は、世の中で数多く使われています。特に宣伝です。

例えば、レストランのメニューに「手作り風パスタ」という料理があったとします。これを見た人は、「手作りなのかな？」と想像しますよね。しかし、手作り〝風〟なので、実際には100％手作りではなく、「手作りに近い味を機械で再現した」が正解です。これも、「機械で作りました」と書くよりも「手作り風」のほうが売れるので、そう書いているのですね。

世の中の全員が正直者なら、正直に生きるのもいいと思います。でも、世の中にはウソをついたり話を盛る人は存在します。「正直者がバカをみる」はよくないですが、自分だけ正直だと不利になる場合もあるってことは知っておいたほうがいいですよ。

22

有休を
スマートに
取りたい

平日を挟んでの飛び石連休。有給休暇を取得して長い連休を確保したい。しかし、「休ませてください」と言いだしにくいし、強引に有休取得をすると後で仕事をしにくい状態になりそう。どう伝えたら職場の雰囲気を悪くせずに有休を取れるか？

うまい言い方	ダメな言い方
みんな大丈夫なので、有休を取ります	有休を取らせてください

POINT

有休に限らず「いきなり伝える」から相手が嫌がるので、ちょっとした「根回し」が重要になる

先に「誰にも迷惑をかけない状況」をつくってから伝える

わだかまりなく有給休暇を取得したい。会社勤めだと、そういう悩みを抱えるときがあるみたいです。もちろん有休取得は会社員としての権利ですし、会社側は許可しないとマズいわけですが、嫌な顔をされつつ「休みます」と言うと、後々気まずい状況になることもありますよね。

では、どう伝えれば気持ちよく有休を取得できるのか？　まず普通に考えて、いきなり上司に「有休を取りたいです」と言ったら、上司が「そんないきなり言われても……」と思ってしまうのも想像できますよね。

でも、有休を取っても誰にも迷惑をかけない状況ならどうか？　つまり、なるべく周りに迷惑をかけないように有休の取得を伝えることができれば、わだかまりもないわけですよね。

そこで有休申請前に仕事関係の人に根回しをして、休んでも大丈夫な状況を先回りしてつくる。そして「みんな大丈夫みたいなので有休を取ります」と伝えます。

こう言えば上長も反論しづらいし、会社の規定などの問題がなければ有休が取れるはずです。

ただ、希望日が近ければ近いほど、どうしても有休取得を伝えづらくなりますよね。

そこで有効な策が、1年前や半年前から大型連休の時期の有休取得を予告しておく、というものです。「来年のゴールデンウイークの合間の平日は有休を取ります」と言い続ければ、部署内の人も「聞いてないよ」とは言えない空気になります。

しかも1年も前から休むことを予告しているので、作業を肩代わりする人が見つからなかったとしても、「それは管理職の不手際だよね……」と、上司の責任が明確になります。

ちなみに法律的には、有休を取るときに理由を伝える必要はありません。なので「そんなに前もって有休取って何するの?」と聞かれても、「今から決めます!」とか言っておけば大丈夫なので、ご安心を。

23

部署異動の対象から外れたい

会社員ならば避けられないのが、異動や転勤の辞令。昨今は異動命令に対する拒否感が強くなってきているが、まだまだ勤め人の立場は弱いまま。「もしかして次の異動は俺の番かも……」と察したとき、断るすべはないのか？

ダメな言い方	うまい言い方
異動するくらいなら、会社を辞めます	異動が不安で、病院に行ってます

POINT

たいして実力のない社員が「辞表」をカードにしても、会社は痛くも痒くもないので効果が薄い

辞令が出る前なら使える〝飛び道具的な秘策〟がある

「会社の辞令＝決定事項」なので辞令が出てしまったら断れません。ただ、事前に異動や転勤を相談されている場合、辞令が出る〝可能性〟を減らすことはできます。

例えば誰でも思いつくのが「飛ばされるくらいなら、会社を辞めます」と伝えること。ただ、これは諸刃の剣です。

実力が認められている社員なら会社側も辞められては困るので、取りやめになる可能性もあるとは思います。そうなったら儲けものですが、逆にたいして実力がない社員だと、辞められても痛くも痒くもないので効果は限りなく薄いです。

では、なすすべなしかと思いきや、実は飛び道具的な秘策があります。それは、心療内科に行って「転勤や部署異動が不安で眠れない」という理由で睡眠薬などを処方してもらうこと。同時に診断書を書いてもらい、その事実を会社側に伝えておくという作戦です。

ハラスメントが話題の昨今です。「異動させると病状が悪化する可能性がある」と事前に知りつつ異動させると、会社内で責任問題になる可能性がなきにしもあらず。

ちなみに、反対に会社の立場で考えたときに、「本人が望んでいないのに異動命令をすんなり受け入れてもらえる言葉はあるのか？」と考えてみたのですが、こちらはどうやっても受け入れてもらえなさそうです。

他人に嫌なことを受け入れさせるには〝アメ〟か〝ムチ〟を使うしかありません。「異動したら給料が上がる」「転勤すると勤務時間が短くなる」というような〝アメ〟か、「断ると社内評価が悪くなる」とか、「異動を断れると思わないほうがいいよ」と脅しをかける〝ムチ〟ですね。

仮にアメもムチも使わずに伝えて、相手も納得したように感じていたとしても、表面上従っているだけで、本心を隠している場合がほとんど。

「どういった条件なら受け入れる気になるのか？」と、相手の立場になって交渉材料を考えたほうがいいし、そう考える癖をつけたほうがいいと思います。

24

社内面談で給料アップを交渉したい

会社の業績や個人成績は上がっているものの、同僚や部下を見る限り、何も言わなければ給料アップはなさそうな状況。とはいえ、言いだしづらい状況もある。どのような伝え方をすれば給料アップを検討してもらいやすくなるか？

うまい言い方	ダメな言い方
もし転職したら、これくらい年収が上がる見込みです	給料を上げてくれませんか？

POINT

自分の要望だけでなく「給料をアップしないと会社にも損失が発生する」という懸念をセットで伝える

相手にとって、デメリットになる交渉材料を用意しておく

給与交渉の前に重要なのが「私の給料をアップしないとあなたが困りますよ」という交渉材料を用意することです。たまに何の材料も準備せずに交渉に臨む頭の悪い人がいますが、そんな人は会社からすればどうでもいい相手でしかありません。

だから、「ダメなら転職します」「残業はしません」「部下の教育はしません」など、相手にとってデメリットとなるような交渉材料が必要になってくるわけです。

ただ、これをストレートに伝えると社内でうとましく思われがち。そこで、「給料をアップしてください」という要望と一緒に、給料をアップしないと会社に損失が発生することを、オブラートに包みつつ暗に伝えるわけです。

「転職したら、これくらいの年収になるらしいんですよね」とか、「家族が残業で帰りが遅いことに文句を言ってまして。給料が上がれば納得すると思うのですが、このま

まだと残業せずに帰ることになりそうです」と言ったりとかです。

ほかにも部下の教育を引き合いに出して「最近、部下の教育でストレスが溜まっていまして、ほかの人にお願いできないですかね？」と教育担当をやめたいという話から入り「給料を上げてくれたら頑張れる」という流れにしたり。

会社から本当に必要とされている人材であれば、会社側も「損失が発生するくらいなら給料をアップしたほうが得」という計算が勝手に働いて給料アップを検討することに繋がると思います。

ダメなのは、やる気とか成長意欲とかをアピールして社内評価を高めようとすること。評価側は「やる気があるから給料を上げよう」と判断することはまずありません。

もちろん、やる気をアピールして仕事を振ってもらい、そこで成果を上げれば評価はされますが、結果を伴わないと、それこそうとましく思われるので本末転倒。それなら具体的な数字を提示して「成績が上がったら、給料を上げてもらえますか？」と言うほうがマシだったりします。

25

頑固で融通が利かない人をうまく動かしたい

IT業界で働いていると、こだわりが強いエンジニアと仕事をする機会も。時には顧客の要望を無視して「これがベストだ」という自分の意見を優先させようとする。そんな頑固な人に柔軟に対応してもらうには、どんなお願いの仕方をすればいい？

うまい言い方	ダメな言い方
イヤだからやらないのか、それともできないのか、どっちなんでしょうか？	なんとか対応していただけませんか？

POINT

下手に出るよりも、相手に「こんなことができないと思われたくない」と思わせたほうがいい

職人気質の人のプライドを〝くすぐる〟言い方を選ぶ

　どの業界にも頑固者というか、自分のやり方を貫き通そうとする職人気質の人っていますよね。我を突き通す先が社内とか身内だけならマシなのですが、お客さん相手にも同様の姿勢を崩さなかったりすると周りは困ったりします。

　例えば、エンジニアなど技術職の人には、お客さんからの要望通りではなく、自分がベストだと思うやり方を崩さない人もいて、なかなか話が進まず現場が混乱することがあります。もちろん、仕事を振らずに済むならいいのですが、そういう人ほど腕がよかったり技術力も高かったりするので、よけいに厄介だったりするわけです。

　では、腕のいいエンジニアが自分の経験値を根拠に、「これがベストだ」とお客さんの考えに耳を傾けないような場合、どうすれば動かすことができるのか？

　会社に所属している人であれば、「仕事として割り当てられたことをやらないのなら評価を下げます」と言えばいいだけの気がします。とはいえ、プライドが高かったりすると「やってらんねぇよ！」と反発されたり、わざとクオリティを落とされたりしてしまう可能性もあります。

そのエンジニアが抜けたら会社的に痛い状況だと、この言葉はリスクの大きな賭けになってしまいますよね。

そんな場合は、プライドをくすぐるという手法がおすすめのような気がしています。

例えば、「イヤだからやらないのか、それともできないのか、どっちなんでしょうか？」みたいな伝え方をしてみるわけです。すると、プライドの高いエンジニアの場合は「こんなこともできないと思われたくない」と勝手に考えて手を動かしてくれることがあるわけですね。

ただし、これを言うと嫌われる可能性もあるので、言い方には注意が必要。

それに本当に失いたくない優秀なエンジニアなら、その人がやりたくないような面倒な仕事をやってくれる外注先や部下を見つけ出して、丸投げできる体制にしたほうが最終的にいい結果が出るような気がしますけど……。

26

ゴルフ好きの偉い人をうまくおだてたい

取引先の上役が最近ゴルフを始めたらしく、スコアを自慢してきた。昔からやっている自分からすればたいしたことのないスコアだが、うまいこと褒めないといけないし、ヘンな言い方もできない。目上の人に対してうまいこと褒める言い方はないか？

うまい言い方	ダメな言い方
すごいですね！始めたばかりなのに上達が早いですね！	そのスコアはすごいですね！

POINT

褒めるときに「もう一言」を付け加えると、相手の印象がワンランクアップする

社交辞令で褒めるシーンには、2種類のパターンがある

部下のやる気を出させたいので褒めることもあれば、目上の人に花を持たせるために社交辞令で褒めなきゃいけないこともあります。

前者はよくあるパターンなのですが、面倒くさいのは後者のほう。年配であればあるほど経験を積んでいるので、「すごいですね」とか適当に返したり、ヘンに誇張して褒めると、へそを曲げてイヤミを言ってきたりする人もいます。

実はそういうケースでは、2種類のパターンがあります。「言ってほしいことが決まっている場合」と「褒め方を工夫しないといけない場合」です。

まず、前者の場合。例えば「海外旅行でスキューバダイビングに行ったよ」といった自慢話ですが、こういうパターンは特に気を使った褒め方をしなくても、相手の言ったことを普通に褒めていれば満足するし、コミュニケーションが成立します。

その際のポイントを挙げるなら、褒めるときに「もう一言」を付け加えることです。例えば、「すごいですねー」の後に、「自分も行ってみたいです」とつけたり、ゴルフのスコア自慢とかでも「上達が早いですね！」とか付け加えるだけで十分です。

逆にテクニックが必要なのは、褒め方を工夫しなければいけない場合です。例えば取引先の上役など相手からの覚えをよくしたいとき。こういう場合は具体的な褒めポイントを加えるだけでなく、相手を観察しておくことが必要です。

もし見た目に気を使っている人を褒めるとしたら、「イケメン」とか「スタイルがいい」「おしゃれ」とかは言われ慣れているので、そうした褒め方をしたところで印象に残りません。

なので、あえて違うポイントを挙げて褒めるのがいい。例えば、「ひげの剃り方が特徴的ですね」とかディテールを褒めるようなイメージですね。

そうすると、細かい部分に気づいてくれたことに感心して、結果として覚えがよくなったりすることがありますよ。

27

酔うと面倒な上司をさっさと帰らせたい

会社の飲み会の終盤。深い時間帯でも酔っぱらって上機嫌な上司がなかなか帰ろうとしない。店側も帰ってほしいようだが、熱弁に口を挟みづらいのか苦笑いするだけ。どうやったら、めんどくさい上司をスムーズに帰らせることができるだろうか？

うまい言い方	ダメな言い方
もうタクシーを呼んじゃいました	そろそろ帰ったほうがいいですよ

POINT

泥酔した人に優しく助言しても響かないので、「解散しなとダメな状況」をアピールしたほうがいい

冷静に説得するよりも「帰って当然」な状況をつくる

もう深い時間なのに飲み会をお開きにしようとしない人っていますよね。そういう人に対して無理に帰宅を促すと、気分を害して不機嫌になることも少なくありません。なので、何かを伝えて帰らせようとするのではなく、「帰らなければいけない」という状況をなんとか演出したほうがいいです。

例えば、スーパーとかでは閉店間際の時間に「蛍の光」が流れてきます。自動的に流れるだけで客を追い出そうとしているわけではないですが、客としては雰囲気が変わったことで「出ていかないといけない」と察しますよね。

こういった〝帰らないといけない雰囲気〟を演出すると、普通の感覚の人なら「帰らなきゃならない」と思うはずです。

これは上司が帰りたがらないようなシチュエーションにも使えて、お店の閉店時間

が近いのなら、「閉店準備を始めてもらえますか？」とお店側に言ったりするのもアリだと思います。

ただし、まだしばらくは営業が続く店にいても、上司を帰らせたいときがありますよね。そういう場合は、解散をしないことが上司のデメリットになるような状況にもっていけばいいと思います。

例えば、上司が関連する仕事を引き合いに出して、「明日までに作業しないと間に合いません」と言うとかです。

もしくは、抱えている仕事の状況から「今すぐ帰らないとマズいですよ」という演出をしつつ、「もうタクシーを呼んじゃいました」と無理やり外に出してしまえばいい。その場ではオラつくかもしれませんが、酔っ払っていたら次の日には覚えていなかったりもしますし……。

ちなみに僕の場合は泥酔してウザ絡みする面倒くさい人には、「その話、前にも聞いたっす」とか言って話すことがないような雰囲気にしてしまいますが……。

28

会社からの不正指示を断りたい

会社から「ノルマ達成のためには不正を厭うな」という指示が。もちろん不正はダメなので断りたいが、降格や減給をチラつかされて会社にいづらくなるのはマズい。どのように反論すれば不正に手を染めず、仕事のしやすい環境を維持できるのか？

うまい言い方	ダメな言い方
この会話内容は念のために録音しておきます	そんな不正行為はできません!

POINT

不正は断るしかないが、その際には「会社から指示された」という証拠を残すこともお忘れなく

不正の証拠を握って、上司を〝言いなり〟にさせよう

もし会社からノルマ達成のための不正行為を指示されたらどうするか？

当然、明らかな犯罪なので断るのが普通です。しかし、ノルマの恐怖に縛られてまともな思考すら奪われてしまっていたとしたら……。大騒動になったビッグモーターを例に挙げるまでもなく、実際には断るのはとても勇気がいる行為なのです。

もちろん、不正と理解したうえで手を染めればあなたも犯罪の片棒を担いだことになります。上司に「個人では一切の責任を負いませんが、それでもいいですか？」などと伝えていたとしても、不正に手を染めたことに変わりはありません。

なので、不正を指示された際の答え方は、「不正だから断る」しかないです。ただ、その回答をした際には、「不正をすすめられた証拠」を残しておいてください。加えて、自分が断った言葉も録音しておく。そのうえで「断るなら今後、会社での立場が厳し

くなるぞ」とか示唆されたら、もはやあなたの勝ちが確定です。

というのも、上司が不正や犯罪を強要してきて、従わなかったら不当な処分をするという脅迫の証拠を相手からもらえたことになるからです。告発や世間を巻き込んだ大騒ぎにせずとも、「念のため録音しておきました」などと、やんわりアピールすればそれだけで十分。むしろそれ以上のこと、例えば「評価をよくしないと、証拠を公開しますよ」など、相手にとってマイナスになるような説明はNG。相手に危害が加わることを示唆した段階で、あなたによる脅迫の可能性が出てきてしまいます。

それでも降格や減給にされた場合は、労働基準監督署に行ってください。降格や減給できる基準は法的にはかなりシビアなので、上司や会社が処分の対象になります。

ヒラ社員だろうが管理職だろうが役員だろうが、会社内で揉めるとその後やりづらくなるのは誰もが同じこと。だから、証拠を握った後は上司と自分だけの秘密にしておけばいいのです。

そうなったらしめたもの。その上司がずっと自分の言いなりになって、むしろその後の査定では高評価になる可能性すらあったりすると思うのですよ。

29

ミスを繰り返す部下をうまく諭したい

部下が不注意からミスを繰り返している。改善するよう優しく伝えても直す気配はなく、かといって強く注意をすればパワハラと言われかねない。時には厳しく叱ることも必要だと感じるが、どのように伝えるのがいいのだろうか？

うまい言い方	ダメな言い方
次に同じことが起きたら、評価ダウンに繋がっちゃうよ	なぜミスをしたんだ！どうして？理由は？

POINT

自分から改善できる優秀な人でない限り、叱るのも丁寧に説得するのもあまり効果がない

余計なことは言わずに、相手に「ヤバい」と思わせる

一歩間違えれば何をしてもハラスメントとされかねない昨今。ミスをした部下に改善を促すのも、「ヘタな発言はできない」と難しさを感じている人が多いようです。

そんなとき、大前提として念頭に置いておくべきは、「仕事で叱らないといけないシーンなどない」ということです。注意や改善を促すことと叱ることを混同する人もいますが、そういう人は正直、性格が悪い気がします。

部下やスタッフが失敗したときに必要なことは、叱ることではありません。失敗を再発しない方法をきちんとチームとしてつくれるかどうかです。

叱るのは部下のミスが自分の責任になることへの怒りであって、改善するための施策にはなりません。

とはいえ、丁寧に伝えすぎるのも微妙です。例えば「ミスが起きてしまったことは

仕方がない。同じミスをしないように対応策を考えて提案してください」と言ったとしても相手が自ら改善策を考えられる優秀な人でない限り、改善されないものです。

なぜなら、自らミスをしない方法を考案して実践できるタイプの人は、そもそもミスを繰り返す人ではないのです。

問題は、追い込まれないと自ら改善策を考えられないようなレベルの人に、同じミスを繰り返さないようにさせること。ただ、単純に再発防止策という観点で考えれば、ほかにも手はあったりします。

例えば、「次に同じことが起きたら評価ダウンに繋がっちゃうよ」と、相手のことを本当に心配しているように言う。それだけでも、叱責と同じ効果が出る可能性が高いです。余計なことを言わず、「これ以上のミスをするとヤバい」と、相手が感じる〝デメリット〟を淡々と伝えたほうがいいのですね。

それでも直らない場合は、その人の業務をほかのスタッフがチェックする仕組みをチームの内につくるしかありません。

「下手の考え休むに似たり」という言葉があるように、仕事のできない人にあれこれ考えさせたとしても時間のムダでしかなかったりするので……。

30

部下に締め切りを守らせたい

優秀だが仕事の締め切りにルーズな部下がいて、何か業務を頼んでも「ギリギリで出せば大丈夫だろう」と考えている様子。もっとやる気を出してほしいが、「やる気を出していこう！」と言ってもナシのつぶて。うまい締め切り設定の仕方はないか？

うまい言い方	ダメな言い方
「これより遅れたらクビになってもいい」という期限はいつ？	締め切りは絶対に守って！

POINT

「やる気」をモノサシにしても、お互いに考え方のズレが出るので意味がない

やる気を出させるのではなく「具体的な設定」をする

優秀な人ほど、自分の能力と業務内容を比較して「これくらい頑張れば仕事が終わる」と読めます。だから提出物をギリギリに出したり、「完成度が高ければ遅れてもいいだろう」と納期を守らない場合もあります。

とはいえ、「締め切りを守ってね」とか、「優秀なんだからもっとやる気を出そう！」と言ったところで何も変わらないと思います。そもそも、「やる気があるかどうか？」という主観的なところで判断すると、考え方のズレが出るので意味がありません。

なので、もっと動いてもらいたいなと思うなら、「何をいつまでにやるのか？」という具体的な話をするほうがいいです。大事なのは本人のやる気ではなく、あくまで決められた仕事を素早く的確に完成させることです。

例えば、新規企画案の提出期限を決めるとしましょう。これは、とある上場企業の偉い人から聞いた話ですが、その人は部下に仕事を頼む際に、少し変わった締め切り設定をするそうです。

「普通に終わるとしたらいつ?」

「ここまでは遅れないだろうけど、それを過ぎたら最悪クビになってもいいという期限はいつ?」

そんな2種類の締め切りを聞くわけですね。すると、後者の期限を守らない人はほぼいないらしいのです。もちろん、上司としては「3日もあれば終わるだろう」と思っていても、本人の認識とは異なる場合があります。

部下が「普通なら1週間で終わりますが、遅れたとしても2週間もあれば終わります」と返したなら、実際には2週間で終わらせることだって十分に頑張った結果だったりするわけです。

そういうときは、「遅いな……」と内心で思っていても、「じゃあ、2週間でお願いね」と許可を出してあげる。もちろん、「わざとめちゃくちゃ遅く設定しておこう」と考えるずるい人もいるので、そこは相手次第ではありますが。

第4章

夫婦円満も日頃の言葉から

「家庭がうまくいく人」の言いまわし

「伝え方」が大切なのは
家庭も同じだ。
何げない日頃のパートナーとの会話や、
言うことを聞かない
子供にかける言葉。
さらには疎遠になっている
親との会話など、
家族だからこそ雑になりがちな
コミュニケーションの作法を
見直してみよう。

21

奥さんの二択質問にうまく答えたい

奥さんとの買い物中に、「Aの服とBの服、どっちがいいと思う？」と聞かれた。正直、どちらでもいいのだが……答え方次第で不機嫌になられると厄介。適当に答えれば「真剣に考えて！」と怒られそうだし、この質問にはどう答えるのがベストなのだろうか？

うまい言い方	ダメな言い方
5年後にも、着ていそうなのはどっち？	個人的にはAのほうが好きかな

POINT

進むも地獄、引き返すも地獄みたいな質問には「あえて答えない」という選択肢もある

どちらを選んでも怒られそうなら「答えない」手もある

「AとBのどっちがいいと思う?」

そんな質問をされたとき、明確に「これがいい」と思う選択肢がないと困りますよね。仕事なら「純粋に意見を聞きたい」という場合も多いですが、プライベートの場合、「実はAのほうがベターだと思っているけどBも捨てがたいので、念のためどちらがいいか聞いてくる」というパターンが結構あります。

しかも意見を聞いてきているのに、「自分の選択を肯定してほしい」とか「背中を押してほしい」、もしくは「言質をとって、後から文句を言われたくない」といった気持ちが潜んでいる可能性もあります。

こういう「私と仕事、どっちが大事?」みたいな、どちらを選んでも揉めそうなパターンは、まさに進むも地獄、引き返すも地獄みたいな状態です。

ハズレだけのクジなら、引かないほうがマシ。つまり、こういうパターンのときは「質問に答えない」のが最善の手じゃないかと思うのです。

例えば、どちらがいいかを明確に答えず、〝至極どうでもいいこと〟を聞いてみるのも手です。相手にいろいろと話をさせて、時間が過ぎるのを待つ作戦ですね。

相手が2つの服で迷っているなら、「靴はどれと合わせるの?」とか、「5年後も着ていそうなのはどっちかな?」などと聞いて、ふわっとごまかし続けましょう。

また、話の脱線にミスって「で、AとBのどっち?」と戻されたら、「○○はAのほうがいいし、△△だからBのほうがいいし、難しいよね……ちょっと考えさせて」と時間をつくるのもアリ。そうやって最終的に答えを出さないまま、相手が「なるほどね~」とか「ありがとう」となり、逃げきれたら御の字です。

そして、そんなふうに話を脱線させているうちに、相手が勝手に答えを見つけてくれることもあります。その場合は、背中を推すようにそちらを薦めればいいだけ。どちらにせよ、人間は自分のことを話したがる生き物なので、いかに「相手に話させるか」が重要だと思いますよ。

相手にとってネガティブな事実をうまく伝えたい

デート中に彼女の鼻の穴から一本の毛が突出しているのを発見した。その存在を伝えれば一瞬にして鼻毛は消えるだろうが、彼女の心に計り知れないダメージを与えかねない……。彼女の心にダメージを与えず、うまくその存在を伝える方法はないか？

うまい言い方	ダメな言い方
顔に何かついてるよ？鏡を見てきたら？	言いづらいけど、鼻毛が出ているよ

POINT

相手が傷つくような事実なら、遠回しに言って気づかせることができれば最高

言っても険悪になるだけなら「事実」を伝える意味はない

事実を伝えると相手を傷つけることもあります。例えば家族に大病が見つかったとしたら、本人に事実を伝えるべきか悩みますよね。

そんな大ごとじゃなくても、高い服を着て満足している友人に「実は似合っていないし、周りからダサいと思われているよ」と伝える場合だって悩むと思います。硬軟の差はあれど、言われた人がショックを受けるのは同じだからです。

このように、まるで童話の『裸の王様』に出てくる状況のように、日常の中で「相手に事実を言うべきか、言わざるべきか」と迷うシーンは多々あります。

ただ、この場合は「言うべきかどうか」が大事で、「事実かどうか」はあまり重要ではありません。むしろ、「事実をちゃんと伝えるべき」という妙な大義名分があるせいで、なんか状況がややこしいことになっている気がするのです。

そのうえで、彼女の鼻毛が出ていると気づいたときにどうするか。

男同士なら気軽に言えますが、女性が相手なら事実をそのまま伝えることに意味などありません。遠回しに言って気づかせることができれば最高です。

例えば「鼻にまつ毛がついてるよ？」と言って手鏡を見るよう促したり、「顔に口紅か何かがついてるよ？　鏡を見てきたら？」と、何かしら違うポイントを指摘してトイレに行くように仕向けてみたりする感じです。


ただ、そういう遠回しに言っても伝わらないことがあります。だからといって事実をそのまま伝えると相手が怒りそうなら、もう「教える必要はない」というのが僕の考えです。あとから気づいて「なんで教えてくれなかったの？」とか聞かれても、「ごめん、気づかなかった」と言ってごまかせばいいだけ。

とはいえ、放置するのは良心が痛むという人なら、「不快になるかもしれないけど、伝えたほうがいいと思うことがあるんだ」などと前置きをしたうえで説明すればいいかと。多少大げさな前置きをすることで、「なんだ、そんなことか」と相手がホッとして、怒りを緩和できる可能性が少しだけ高くなることもあるので。

自分の家事負担を減らしたい

共働き家庭は助け合いの精神が大切。しかし、実際には家事をどちらがやるかで揉めることも多く、自分の担当が多すぎれば「不平等だ！」と言いたくもなる。妻の理解を得て自分の家事負担を軽減するには、どう交渉したらいい？

うまい言い方	ダメな言い方
お互いが担当する家事を、書き出してみよう	俺のほうが、家事負担が大きいよ

POINT

負担の大変さを言葉だけで訴えたり、肌感覚で相手にわかってもらうのは難しい

言葉だけでは納得させづらいので量を〝見える化〟する

共働きが普通になった昨今では、家事の分担は当たり前のこと。でも、その分担具合で悩んでいる家庭が少なくないようで。稼ぎの少ないほうが相手よりも家事を多く負担したり、稼ぎは関係なく時間のあるほうが家事を多く負担するルールにしたりいろいろと試行錯誤をしているようです……。

そんな感じで各家庭にはルールもあるのでしょうが、一度決めたルールというのはなかなか変えられません。「俺の家事負担が大きいから減らしてほしい」と言ったところで、「最初に決めたことでしょ？」と返されるだけです。

もし確実に変更する方法があるとすれば、相手により多くのメリットを提供するか、脅迫でもしない限り、なかなか変更に応じてもらえないのが現実なわけです。

とはいえ、ビジネスなら「取引先を別会社にしますよ」とか言えばいいのですが、家庭だと脅しはほぼ無理。離婚覚悟なら話は別ですが、多くの場合は夫婦仲が険悪になって冷戦状態になり、居心地が悪くなるだけです。

というわけで、自分の家事分担を確実に減らしたいなら、家庭に入れる金額をわかりやすく増やしたり、相手が使えるお小遣いを増やして、「あなたに負担を強いる代わりにお金を出します」というかたちで納得してもらうしかないと思います。

ただ、お金の余裕がない場合はこの交渉方法は使えません。そのときは相手のモラルに期待して、家事の負担が大きくて自分の心身の状態が厳しいことを訴えるという手があります。

その際のコツは、何かしらの方法で〝可視化〟させること。単純に「すごく大変なんだ」と説明したところで、言葉や肌感覚で家事の量を判断するのは難しいからです。

誰でもできるのは、「お互いの家事の状況を把握しよう」と、それぞれの分担作業やスケジュールを書き出してみること。あなたの作業が多ければ、「これはさすがに不平等だよね……」となる可能性があったりします。ただし、これも提案の仕方によっては〝宣戦布告〟ととられる可能性があるのでご注意を。

高額な買い物を認めてもらいたい

使っているスマホが古くなった。まだ使えるが、傷だらけで画面は割れ、動作もにぶいので最新機種にして快適に操作したい。とはいえ、スマホは高い買い物。奥さんに言えば反対されそう……。なんと伝えれば、快く最新機種を買わせてくれるだろうか？

うまい言い方	ダメな言い方
買い替えないとメッセージに気づかないこともあるし、お互いに不便だよね？	古くなって調子が悪いから、買い替えてもいい？

POINT

「便利になる」という自分にとってのメリットは、相手にとってはどうでもいいことでしかない

買わないことで相手が被る「デメリット」を主張する

家庭を持っていると高い製品を買うには家族の同意が必要な人もいると思います。ただ、ストレートに「古くなって調子が悪いから買い替えたい」と言っても、「まだ使えるよね？」と切り返されるのがオチです。

というのも、買い替えのメリットは基本的に「自分が便利になる」だけで、相手にはどうでもいいことだからです。

ならば相手のメリットになるような条件をアピールすればいい気もしますが、そんなことはありません。例えば、「新しいスマホなら子供の記録をキレイに残せる」と言っても、相手は現状で満足しているかもしれないし、「それなら私のスマホを買い替えて」と、逆効果になる確率も高そうです。

基本的に自分が欲しいものを伝える場合は、〝自分語り〟になってしまう人が多いです。すると、相手のメリットを謳いつつも、結局は自分のメリットを考えていることが言葉の端々ににじみ出たりします。

なので、自分が欲しいものを理解してもらうためには、買わないことによって相手が被る〝デメリット〟を押し出して説得したほうが、理解を得られやすいのですね。

例えばスマホなら、「古いので充電が早く切れる」とか、「たまに画面が固まる」、「ときどき電源が落ちる」という設定にして、相手からのメッセージに返信をせず、「スマホの電源が切れていることに気づかなかった」とか、「調子が悪いのか、届いていない」というストーリーにする。すると、「買い替えないとメッセージに気づかないこともあるし、お互いに不便だよね？」と提案をすることができます。

実際に使えなくなると困りますが、ＬＩＮＥでも通知欄でメッセージを読んだり既読にせずに内容を知ることもできるので、そういう機能を利用しながら自分のスマホが古いことのデメリットを相手にも共有してもらうわけです。

そんな感じで、欲しいものの同意を得やすくするには、「買わないことで相手が被るデメリット」を探し出すことから始めてみるといいと思います。この原理はスマホでも車でもゴルフクラブでもゲームでも同じですよ。

35

奥さんのムダづかいをやめさせたい

奥さんが毎晩、ネットショップを見ては「これを買っていい？」とちょこちょこと買い物をしている。大きく家計を揺るがすほどではないが、値上げラッシュの今、できればムダづかいはひかえてもらいたい。なにかいいやめさせ方はないものか……？

ダメな言い方

それって本当に必要なもの？

うまい言い方

お互いが毎月ムダづかいできる額を決めておいたほうがいいね

POINT

相手のストレス発散方法に対して「本当に必要なもの？」と聞けばイラっとされて当然

買うという「行為」ではなく「額」にルールを決める

自分にとってはムダでも、相手にとってはストレス発散に繋がっているなんてことは山ほどあります。

例えば、僕はゲームをします。ゲームが仕事に繋がるパターンがあるとはいえ、趣味でゲームをやっていることがほとんどなので、それを「時間とお金のムダである」と言われたら「そりゃそうだよね」としか言えません。

ただ、それを取り上げられるのは酷というもの。同じようにストレス発散で買い物をする人に対して、「本当に必要なもの？」と言えば相手はイラッとしますし、それが原因で別の問題が引き起こされる可能性もあります。

そもそもムダづかいにモヤモヤするのは、家計からお金が出ていくからです。それぞれ働いている夫婦が自分の給料で好きなものを買ったとしても、そこまで嫌だと思う人は少ないはずです。

そう考えると、細かい買い物での散財が問題なのではなく、散財の額が問題。だから「これ買ってもいい？」と聞かれたとき「お互い毎月ムダづかいできる額を決めておいたほうがいいかもね。僕も○○買ったし」と提案するのがいいと思います。

ただ、提案するタイミングも大事です。「これ買ってもいい？」と聞かれるときは2パターンがあります。相手がどうしても欲しいものを聞いてるときと、相手自身も〝必要ない〟と薄々感じているときです。

前者のタイミングで提案するとイラッとされるので、後者のタイミングを見計らって予め提案しておいたほうが納得してもらいやすいし、おすすめです。

そして、いったんルールが決まれば「これ買ってもいい？」と聞かれても「範囲内ならいいのでは？」で済みます。というか、ルールさえ決めておけば聞かれることも減ります。何に使っているのか聞かないほうが精神衛生上はよかったりもしますし、そもそも「買うべきかどうか」を精査するのは時間のムダでしかないのです。

「脱サラして独立」を認めてもらいたい

サラリーマンをしながら続けている副業が上り調子。本業はストレスも多いので、リスクを覚悟して独立してみたい。しかし、奥さんは安定した収入がなくなるのがイヤで、独立には反対の様子だ。こんなとき、なんと言えば“嫁ブロック”を突破できるのか？

ダメな言い方	うまい言い方
副業の仕事のほうが、自分には合っている	副業に専念すれば、半年後には今の収入を超える

POINT

「どうしてもやりたい！」という熱意をこれでもかと伝えても、不安な相手には全然伝わらない

熱意ではなく、将来の不安要素と期待度を具体的に話す

今どきは「本業よりも副業のほうが稼げる」という人もチラホラ。すると、「今の仕事をやめて副業を本業にしようかな？」と考える人も出てきたりしますよね。

では、そんな「リスクの高い決断」をパートナーに認めてもらうためにはどうすればいいか。

よくあるのが「今の仕事よりも副業のほうが自分には向いているから」と自らの気持ちを熱弁したり、「どうしてもやりたい！」という熱意をこれでもかと伝えてしまうパターンです。家族がどんなタイプなのかにもよりますが、一般的にはこういう「自分がどうしたいか？」を伝えても、首を縦に振ってくれる可能性は低いと思います。

というのも、多く場合、熱意や気持ちよりも「独立したらどうなるのか？」がいちばん気になるところだからです。なので、独立をすることで「何が変わるのか？／

変わらないのか?」「うまくいくと長期的にどうなるのか?」「失敗したらどうするのか?」という内容を話す必要があると思うのです。

ここで気をつけるべきは不安要素と未来の期待度をなるべく具体的に話すこと。収入を気にしているなら、「当面の収入が半分になっても、売り上げが毎月10%上昇しているので、半年後はサラリーマン時代と変わらない収入になる」とか、「副業に専念すれば、半年後には今の収入を超える」とかです。

ここまでハッキリと言い切れない場合は、例えば「本業の収入の8割までいったら副業をメインにしていい?」という感じで、数値目標を立てて説得するといいのではないかと思います。そうやってお互いが納得する〝落としどころ〟を事前に決めたほうが、後ですんなりと話が進むと思います。

ちなみに収入がやや減る可能性があるときは、〝別のメリット〟を加える手法もあります。例えば、独立して自宅で仕事をするようになるなら、「今までより家族の時間を取れるようになる」とか「子供の世話や家事がもっとできるようになる」とかです。

こういうメリットと組み合わせて提案してみるのもポイントですよ。

専業主婦の奥さんにも働いてもらいたい

ウチは奥さんが専業主婦。今は生活できているが、あまり貯蓄をする余裕もないため将来のことを考えれば奥さんにも働いてほしい。ただ、働くのが面倒なようで「気が向いたら」との返事が……。働く気持ちになってもらうには、どう伝えたらいい？

うまい言い方	ダメな言い方
先のことを考えると、貯えが必要だよね	暇だったら働いてみたら？

POINT

働くつもりがない人に「働く気持ちになってもらう」という目的設定そのものが、そもそもの間違い

論点を微妙にズラして「働く目的」の設定を変える

総務省の「令和2年国勢調査」によれば、専業主婦世帯の39％は子供がいないらしいです。そして、子供の数と専業主婦（共働き）世帯の割合には関係があって、「子供1人→39％」「2人→45％」「3人→13％」「4人以上→3％」と、子供が多ければ多いほど共働きになる傾向があるそうです。

このことからわかるのは、子供がいようがいまいが「生活ができているなら働かないし、生活費が苦しい状況なら働く」ってことだと思うのですね。

基本的に人は「苦痛を感じてまで働きたくない」と考えるのが普通だと思います。なので、この先にお金が必要になるという焦りが一切なければ、今の生活がカツカツであっても、「なんとか生活が回っているのであれば無理に働かなくても……」となるのが普通です。

そんな前提のうえで、奥さんに働いてもらいたいと考えるなら、「働く気持ちを持ってもらう」というのを目的に設定するのがそもそも間違いなのです。

そうではなく、「奥さんが働かざるを得ない状況にする」ということを目的にしないといけません。


例えば、子供が欲しいと考えているなら「子供ができたときのために蓄えが必要だよね」と伝えて同意してもらいます。

もちろん人によって考えは違うので、子供のため以外に、老後資金やら親の介護、車でも住宅購入でも、将来的な貯蓄の目的になるならなんでもいいです。


そうやって同意を得たら、給料から自動積み立ての定期預金を設定します。その額を今までの生活を維持するにはギリギリで厳しくなるくらいにしておくわけです。

ポイントは、「生活維持が難しいレベルの貯金をする必要がある」ことへの同意を得ることです。

すると、あえてこちらから「働いたら？」と言わなくても、自ら「そろそろパートぐらいしたほうがいいかもね……」という考えになったりすると思うんですよね。

78

高齢の親に免許を返納させたい

高齢になった父親の判断力が徐々に鈍ってきていて、日々の車の運転が危なく感じる。しかし、当の本人は「俺は大丈夫」と運転をやめてくれない。なんと伝えれば、車の運転をやめて免許を返納してくれるのか？

うまい言い方	ダメな言い方
事故を起こしたら、孫に会えなくなるよ？	事故を起こしたら大変だよ？

POINT

衰えという「事実」を認めたくない人には、本人の意思が変わらない限り何を伝えてもムダになる

強制ではなく「運転をしないほうがベター」という理由を伝える

世の中には話し合いで解決できる問題と、解決できない問題があります。話し合いで解決できない問題なのに話し合いをするのは時間のムダ。場合によっては問題がより深刻になることもあります。

高齢者の免許返納問題というのは、これに近い話です。恐らく、周りの人は「事故が起きたら大変だ」とか、「他人に迷惑をかけるな」と説得するでしょうが、本人の意思が変わらない限り何を伝えてもムダなわけです。

そもそも免許返納を拒否する理由は、「自分が衰えていることを認めたくない」というプライドや、「車が使えず自由に移動できないのがイヤだ」というものです。

どちらにせよ、本人には今の状況を変える気はありません。

それなら、「運転をしないほうがベターである」という理由を伝えるのがいいです。

わかりやすいのが経済的メリット。交通の便がいい場所なら車は必要ありません。ほとんど乗っていないのに税金や駐車場などの維持費を払っている場合は、「乗っている回数や距離を考えたら、タクシーのほうが経済的」だと伝える手法です。

移動をしなくなって家にいる時間が増えるとボケる心配があるので、できれば代わりの移動手段を用意したほうがいいでしょう。

厄介なのはプライドの問題で運転をやめないパターンです。合理的に説得するのが難しいので、身内の人ほど拒否されやすく、険悪な関係になりかねません。

こういう場合は〝言い訳〟を用意してあげます。例えば、足が悪くて医者に通っている場合、「運転は控えてください」と医師から伝えてもらうとか。衰えているからではなく「病気で仕方なく運転をやめざるを得ない」という言い訳を用意するわけです。

ほかには孫から伝える手も。孫とドライブをした高齢者が「おじいちゃんの運転が怖かった」と孫に言われて免許を自主返納したという話を聞いたことがあります。「一緒に乗ったら孫を殺すかもしれない」「誰かを轢いたら交通刑務所に入って孫と会えなくなる」。大切なものを失うと感じたら、人はそれを守ろうとする生き物なのです。

陰謀論にハマった親を諭したい

定年後の暇を持て余した両親がネットで見た陰謀論にハマってしまった。今では食事の席でも陰謀論を語りはじめる始末。もうちょっと理性的になってもらいたいが、どう諭せばいいのか……。いきすぎた陰謀論から目を覚まさせる方法を教えてください！

ダメな言い方	うまい言い方
それはただの陰謀論だよ	こうした事実についてはどう思う?

POINT

陰謀論にハマる人は「自分は賢い」と思い込んでいるので、ストレートに諭そうとしても効果が薄い

事実ベースの知識や情報を集めて気づきを与える

そこそこ頭がいい人のほうが陰謀論にハマる傾向がある——そんな印象が僕のなかにはあります。というのも、陰謀論にハマる人というのは、「テレビのニュースや新聞よりも自分の調査能力のほうが優れている」と思い込むくらいの自尊心があったりするので、「自分が信じている説のほうが正しい」と思い込んだりするのですね。

しかも、わりと〝いい人〟のほうが、陰謀論に染まりやすかったりします。いい人は、「人間は善意で動く」と信じているからです。

しかし、正義の反対が常に悪というわけではなく、別の正義が存在していることもあります。それぞれに自分の正義だと考える論理があって、見方や立場を変えれば正しいと思える。

だから陰謀論にハマった人を諭すのは、かなり難しいのが現実だと思います。

ただ、皆無というわけではなく、陰謀論を語る相手の論理を肯定しつつ、「この事実についてはどう思う？」という感じで証拠の具体性を詰めていく方法はあります。

例えば、「新型コロナワクチンにはマイクロチップが入っている」という陰謀論なら、「マイクロチップを入れることは可能だよね。でも、犬や猫の体内に入れるチップだって直径1～2㎜、長さ8㎜なんだから、ワクチンの瓶に何本も入っていたら見てわかるのでは？」という感じで、事実をベースにひとつずつ誤解を解いていく。するとと相手も、「ひょっとしたら間違っているのかも？」と気づいて話を聞いてくれる可能性が出てきます。


とはいえ、そのためには知識や情報を集めないといけません。もし事実ベースの証拠がないのに「それはただの陰謀論だ」とか言うと、「北朝鮮による拉致被害だって昔は陰謀論だと言われていた」といった論理で自分が正しいことを押してきます。

場合によっては「こいつは話にならない」と、いっさい話を聞いてくれなくなる可能性もあるので、説得する際には十分に気をつけましょう。

40

子供にちゃんと勉強をさせたい

宿題をしようとしない子供と奥さんのバトルが勃発。「あなたからもなんか言ってよ！」と奥さんに詰め寄られるも、最近小学生になった我が子はマセて言うことを聞かない。ちゃんと勉強する必要性を説き、父親の威厳を保つには、どう言えばいいのか？

うまい言い方	ダメな言い方
1か月頑張ったら、ご褒美が貰えるぞ!	勉強をしないと将来自分が困るぞ!

POINT

「将来役に立つかもしれない」という仮定の話をしても、大人も子供も素直に頑張る気になれない

子供が相手でもきちんと メリットとデメリットを提示する

子供はよく「勉強をやりたくない」と言いますよね。そりゃ、漢字の書き順を覚える必要性なんて大人でもわからないし、子供に説明してやらせるのは難しいです。「将来的に役立つから」と言われても、明日や明後日にたいした実害がないのなら、「勉強をしなくてもいい」という気持ちになるのも無理はありません。

だから子供が自発的に宿題を始めることは、ほぼありません。

考えてみてください。大人でも「いつか役に立つかもしれないから、毎日30分間だけラトビア語の勉強をしてください」と言われて、何年も継続できる人は例外中の例外です。多くの大人はラトビア語の勉強どころか、生きているうちに使いそうな英語の勉強すらやりません。

大人であれ子供であれ、本人が嫌いなことをいくらすすめたとしても聞く耳を持たないのです。もし動くとしたら、本人にとってメリットかデメリットがあるという理由しかないと思います。

なので、手段としてあるのはアメかムチかという物理的な側面からのアプローチになってしまう。そして、それを言葉で伝えることができれば、動いてくれる要因に繋がると思うのですね。

例えば、宿題をやらないという場合。鞭はめっちゃ怒られるとか、おやつ抜きになるとか、罰を与えるタイプの動機づけです。

一方でアメは、毎日欠かさず宿題を1か月続けたら好きなものを買ってあげるとか、一日ごとにシールをあげて溜まったらお小遣いをあげるというものです。

この手段はわりと効率的です。人間はしょせん動物ですから、誰しもメリットとデメリットを考える傾向があります。「毎日30分ラトビア語の勉強をしたら1か月後に100万円貰える」なら、ちゃんとやる大人は大勢います。

ただ、気をつける点は、ムチはデメリット回避のために動きがちになるので自主性が奪われやすいことです。メリットのため自主的に動かなくなると、長期的な成長を望めなくなるので、できれば上手にアメを駆使してください。

第5章

言い方を変えて人生をラクにする

『ずる賢く生きる人』の言いまわし

プライベートでも
会話は悩みのタネ。
厄介な隣人と揉めたり、
何げない会話から
友達とケンカしたり。
そんなトラブルとは無縁で、
うまく人間関係を築ける人は
どんな言葉を用いているのか？

41

友達のダサい服装を指摘したい

本人は「これがいい！」と思っているが、実際には周囲がドン引きしているファッション。趣味の問題とはいえ、周りからの評判が悪いことをなんとか伝えてあげたい。本人の人格まで否定せずに伝えるには、どう言えばいいのか？

うまい言い方	ダメな言い方
こっちのほうが若く見えるよ	その服装はダサいよ

POINT

今の状態を否定するのではなく、「現状よりもよくなる」というニュアンスで伝える

「正解のない話」のほうが意見をコントロールしやすい

ファッションでもビジネスでも、周りが微妙だと思っているのに決定権を持つ人の趣味嗜好で決まってしまうことってありますよね。

それを変えるにはどうするか。もし過去の事例や統計データがあれば、それを根拠に趣味嗜好や考えを変えることはできます。例えば、「過去の統計からAの仕様にしたほうが売れる」といったふうに事実を示す方法です。

一方、過去に事例がない場合は、周りの意見が重要になります。世の多くの人は周囲の意見に流されてしまうものです。3人くらいから同じことを言われたりすると、たいていの人はそれが真実だと思ってしまう傾向がある。

例えば、似合わないのにやたらキャップをかぶっている人がいたとします。その人に「似合ってないよ」とか、「ダサいよ」とストレートに伝えても嫌がられるだけ。

しかし、3人の別ルートの知り合いから「キャップをかぶってないほうが大人っぽくてよかったよ」とか言われると、本人は「あまり似合ってないのかな？」と思いはじめます。

つまり、主観やら趣味やらに左右される「正解がない話」のほうが、実はコントロールが容易な分野だったりするわけです。

その際にポイントとなることがあります。まず、「ダサい」など現状の否定ではなく、「カッコよくなる」とか「若く見える」とか、現状よりもよくなると伝えることです。

そして、できる限り自分からは伝えずに「知人から伝えてもらうこと」も重要。それも、できるだけ繋がりが薄い人のほうが効果的です。

例えば、旦那さんがチョイスするファッションが似合っていないので変えさせたい奥さんがいたとします。そこで、旦那さんとも共通の知り合いであるAさん、Bさんから伝えてもらいます。でも旦那さんの勘がいいと「奥さんとAさん、Bさんが結託しているのでは？」と気づいたりしてしまうこともあったりしますから……。

42

友達からの借金依頼を断りたい

親友から「10万円貸してほしい」とお願いされた。貸せなくはない額だが、貸したお金が返ってこなくて返済の催促をすることになると、せっかくの友情が崩れそう。やんわりと断りつつ、今の関係を壊さずに済む言葉はないか？

うまい言い方	ダメな言い方
お金と友情、君はどっちを選ぶの？	お金を貸すのは、君のためにならないよ

POINT

借用書もなしにお金を借りようとされた時点で、残念ながらあなたは友達扱いされていない

お金と友情を天秤にかけて、相手の覚悟を測る

そもそも貸したお金が催促もせずにきちんと返ってくるなら、お金を貸すかで悩むことはありませんよね。問題は、お金が返ってこないときです。

これは僕の考えなのですが、友達にお金を貸すのは、最悪〝お金〟か〝友情〟のどちらかを失ってもいいときだけです。

例えば、お昼ご飯を同僚と食べにいって、財布を忘れた同僚がいた場合。昼食代の１０００円を貸すことで悩む人は少ないですよね。それは少額であればお金を失ってもいいと考えるからです。

でも、10万円が返ってこない可能性があるなら、みんな躊躇します。貸したお金が返ってこないときに、返却の催促などで人間関係にわだかまりが生じると面倒ですし、催促するほうもされるほうも嫌な気持ちになりますしね。

なので、躊躇する額なら「お金を貸すと、お金か友情を失うからイヤだ」と言ってみるといいと思います。

それでも借りたがるなら「じゃあ、友情を失ってもいいの?」と聞いてみる。相手が本当にあなたのことを友達と思っているなら、友情を失いたくないと考えてお金を借りるのを諦めるはずです。

ここまで言っても、「友達なのに信用してないの? つまり友達ではないってこと?」などと食い下がってきたら、その時点で相手は友情よりもお金を選んでいるということ。残念ながらあなたは友達扱いされていないので、お金を貸す必要はありません。

最もダメなのは、「お金を貸すのは君のためにならない」などと説教をすること。説教なんてしたら貸す/貸さない以前にわだかまりが生まれます。

そもそも借用書も用意せずにお金を貸してくれと言う人は、相手を軽く見ています。相手のことを考えている人ほど、借用書を作成したり、返済期間が過ぎたら利息を支払うくらいの覚悟とリスクを自らに課すと思うのですね。

リスクを負わずに借りようとする時点で、相手を軽視している証拠なのです。

43

職場の女性を食事に誘いたい

同じ職場にいる素敵な女性。オフィスで会えば普通に会話をする程度の間柄だが、思いきって食事に誘いたい。とはいえ、職場の人間なので断られた後のことを考えると誘いにくい。なんと伝えればヘンな感じにならずに食事に誘えるのか？

ダメな言い方	うまい言い方
今度、食事に行きませんか？	男だけだと行きづらいお店なので、一緒に行ってくれませんか？

POINT

誘い文句から「下心」が透けて見えなければ、たとえ断られても職場関係はギクシャクしない

下心が見えなくなるような“設定”を探してから誘う

ネガティブな内容ではないのに伝えにくいことって世の中にはたくさんあります。意中の女性をデートに誘うのもそのひとつ。

こういった誘いは関係が近いほど伝えるのが難しいものです。断られたら、その後の関係性がギクシャクしますしね。

ただ、見方を変えれば、ギクシャクした関係にさえならなければ問題はないわけです。そもそもギクシャクした関係になるのは、誘い文句から下心が透けて見える感じがするからだと思うのです。

なので、職場のような環境で後腐れなくデートに誘うには、その誘いに下心がない、もしくは下心がまったく見えないようにする必要があります。

つまり「下心はない」と言い張れるだけの大義名分が必要なわけです。そうすれば、断られたとしても最悪な状況は避けられます。

こういうときに耳にするのが、相手の好きなものでさりげなく誘う手法です。例えば相手が寿司好きなら「食事に行こうよ」ではなく、「おいしい寿司の店があるんだよね」と言って反応がよかったら「一緒に行く？」と誘う手法です。

ただ、状況によってはこの会話内容すら下心がチラ見えします。それなら、「お寿司がおいしい店を知ってる？」とオススメを聞いてみて、先にその店に一人で行って感想を伝え、「今度は一緒に行こうよ」と関係を築いていくほうがいい気がします。

もしくは、個人的には誘うための目的を〝下心以外〟で設定する手法です。

仮に職場の近くにはやりのスイーツ店があったとしたら、「男一人で行く勇気はさすがにないから一緒に行ってくれない？」と聞いてみるとかです。

重要なのは、自分自身が行きたいけど、その人と一緒じゃないといけない場所というのを探して設定すること。これなら断られたとしても、目的が「デートをしたい」という下心ではなく、「スイーツ店に行きたい」になるので、相手も勘ぐらなくなる可能性は高まる。なので、まずはそういう設定を探すところから始めてみましょう。

ZURUI IIMAWASHI

44

感謝しない恩知らずな人に感謝させたい

友達から「困っていて助けてほしい」と軽いノリで頼まれた。しかし、手助けしたのに感謝どころか「もっとこうしてほしかった」などとダメ出しをされ、イラッとすることに。「だったらお願いするな！」と言いたいが、どうリアクションすべき？

うまい言い方	ダメな言い方
大変にさせちゃったけど、助けになれてよかった	だったらお願いしないでよ！

POINT

お礼を期待するとガッカリ感が強くなるだけ。「自分が犠牲になった」という事実だけを伝えておく

相手には「これを言っても大丈夫」という潜在意識がある

これは僕の知人の話ですが、同僚のパソコンが突然、壊れてしまい「どうしても必要だから貸してほしい」とお願いされて、急遽、設定をし直して貸したそうです。しかし、返却時に「大丈夫だった?」と聞くと、「助かったけど、このパソコン、全然バッテリーもたないねぇ」などと半笑いで言われ、「貸してやったのになんだよ……」と返してしまい、険悪になったらしいのですね。善意で貸したのに損をするのって、普通に考えればヘンではありますよね……。

もちろん、相手にも感謝の気持ちはあるのだと思います。それなのに不快な発言をしてくるのは、「(知人に対して)これを言っても大丈夫だろう」という潜在意識があるわけです。その時点で、「ちゃんと感謝しろよ」とか言っても、相手の考えや態度が変わることはまずありません。

そもそも、他人の思考を変えるのはなかなか難しい、というかほぼ無理です。一説によれば、男性は35歳を過ぎたら不可能と言われているみたいです。

とはいえ、不快にさせられたままでは釈然としないこともある。では、どうリアクションすればよかったのか。そんなときは中途半端に不快感を伝えるよりも、「あなたを助けるために自分が犠牲になった」という要素をしっかりと伝えるしかありません。例えば、「パソコンを貸すのはすごく大変だったけど、ちゃんと助けになったんだね」といった感じです。

こうやってキッパリ伝えると疎遠になる可能性もありますが、罪悪感を喚起させたほうが険悪なムードになったことをモヤモヤと考えずに済むと思うのですね。

もしくは、その件に関してまったく何も言わないことです。

「自分の行為が報われるべき」と考えるのは、ギブ・アンド・テイクの取引であって善意ではありません。「ちゃんとお礼を言われたい」と考えてしまうと、相手からのリアクションが想定外だとガッカリ感が強くなります。

文句のひとつも言いたくなる気持ちもあるでしょうが、「そんなもんか」とスルーして今後の関係を考えたほうが、自分の精神衛生上は正解ですよ。

45

「カスハラ」をしてくるクレーマーを黙らせたい

誰でも出くわしかねないモンスター客。理不尽なクレームを突きつけられ、まともに取り合うと仕事にならず、対抗すれば業務に支障が生じるなど始末に負えない。どう対応すればいいのか？

ダメな言い方	うまい言い方
大変申し訳ありませんでした	上司から返答させますので、お名前とご連絡先を教えてください

POINT

謝ってしまうと、相手は言葉尻を捉えて「態度が気に食わない」などと話を長引かせようとする

「まともに取り合う」という日本的な思い込みを捨てる

飲食店の例に限らず、日本人労働者にありがちな思考のクセがあります。それは、責任者でもないのに責任者並みの行動をしようと考えて対応してしまうことです。

でも、アメリカでは違います。スーパーなどでクレームを入れようとしても、店員からは「私に言われても知らんから、カスタマーサポートに連絡してくれ」などと冷たい対応をされたりします。パリのスーパーにいたっては「二度と買わなくていいので、お帰りください」と、言われたりもします。

もちろん高級店などは別なのでしょうが、一般的な店ではこうした対応が普通です。スーパーに限らずサービス業全般でも同じで、例えば日本で外資系ネットサービスに不具合があって日本支社にクレームを入れた場合、「ウチは代理店だから、本国の連絡先を教えるから直接聞いてくれ」と投げられたりします。

だからクレーマーに悩んでいる現場の人は、まずは「まともに取り合わないといけない」という思い込みを捨てることが大事です。

そのうえで「私には判断する権限がありません。上司から連絡させますので、ご連絡先をお伺いできますか?」という反応を、何度も繰り返すといいです。

その際、相手は言葉尻を捉えて「態度が気に食わない」とか、「言い方が悪い」などと話を長引かせようとします。

そんなクレーマーに対処する最良の方法は、名前と連絡先を聞くことです。クレーマーには自分の連絡先を知られるのをイヤがる人が多い。営業妨害で損害賠償を請求される可能性もあるので、連絡先を頑なに言わない人もいたりするのですね。

だから、「上司から改めてご説明と謝罪をさせていただきたいので、ぜひ連絡先をお教えください」などと伝えると、勝手に追い込まれて引き下がったりします。

もし連絡先を言われた場合は、上司に電話をかけるフリをして「連絡がつかないので、連絡がつき次第ご連絡差し上げます」と言いながら普通に営業を再開。たまに電話をかけるフリをすると、いたたまれなくなって引き下がったりしますよ。

46

やっかいな隣人とうまく交渉したい

隣の住人の迷惑行為で困っている。庭の木の枝が伸びてウチの敷地まで侵入してきているし、夜でも大音量で音楽が流れてくる。なんとか改めさせたいが、「やめてくれ！」とストレートに言って揉めると後々が怖い。何かいい言い方はないか？

ダメな言い方	うまい言い方
枝が伸びているので早く切ってくれませんか？	1か月以内に対処が難しいなら、こちらで切っておきますすね（録音）

POINT

「論理的に説明しても理解してくれない人」は、世の中に一定数はいるので注意が必要

相手を逆なでしない言い方をしつつ、録音しておく

自宅が一戸建ての場合、隣の家の木から枝が伸びて壁を傷つけられたり、落ち葉がうっとうしいなんてことがあります。そんなときに「迷惑だから枝を切ってくれ」なんてストレートに言えば、相手がムッとして、せっかく購入した自宅なのに今後の近所付き合いが面倒くさくなる危険性もあります。

そんなときは「1か月以内に対処が難しかったら、こっちで切っておきますね」と、相手の気持ちを逆なでしないよう丁寧に伝えれば大丈夫です。そのうえで後から「言った、言わない」の争いにならないように録音しておくことが大事です。

庭の木の場合、法律的には告知をしてから一定期間が経過しても対処しない場合は実行しても構わなかったりします。変に交渉しようとせずに、事務作業的に伸びたら自分で切ってしまうほうが無用なトラブルは避けられます。

一方、難しいのは騒音や悪臭トラブルです。直接交渉はトラブルのもとになるので、役所とか警察に通報して来てもらい、第三者から伝えてもらうのがベスト。

ただ、実際に証拠があっても、騒音のように人によって捉え方が違う被害だと、「これくらいなら……」と、注意してくれないレベルの音量もあります。

そういう場合は正直、第三者に動いてもらうのも諦めるしかないのですね。

そこで、逆恨みのリスクを回避しつつ相手に直接伝える方法として「匿名の貼り紙をしておく」という古典的な方法があります。いきなり匿名で貼り紙をされるとか怖いですし、まともな人ならやめてくれたりもします。

逆に危険なのが、集めた証拠をチラつかせつつ「役所に相談をしますよ」などと交渉することです。世の中には逆恨みをする人が少なからずいます。

鳩に餌をあげて糞害を招く人に「鳩の糞には病原菌が潜んでいてあなたもキケンですよ」と言ってもわかってくれないのと同じく、論理的に説明しても理解してくれないので、自分が直接対峙することは避けつつ解決を目指すのがおすすめです。

47

行列への割り込みをやめさせたい

飲食店で行列に並んでいたところ、自分の前にしれっと割り込みをされた。並んでいるほかの人は気づいていない様子だが、このままワリを食うのは納得がいかない。注意したいけれどケンカになっても嫌だ。どうたしなめればいいものか……。

ダメな言い方

最後尾に並び直してください

うまい言い方

私の番が遅くなるので、最後尾に並び直すか、あなたの前に入れてください

POINT

全否定すると相手が反発するので「譲歩できる条件」を提示して選ばせる

選択肢を与えることで、「こっちのほうが得」と思わせる

まず重要なのは相手に悪意があるかどうかです。悪気なく割り込みをしている可能性もありますし、そういう場合は「最後尾はあっちですよ」みたいに教えてあげれば解決します。

一方で、ズルをしようと割り込む人の場合、注意してトラブルになればかなりの労力と時間を浪費します。

実際には割り込みによって延びた待ち時間のほうが短かったりするので、腹は立つでしょうが、そのままスルーするのも、ある意味正解です。

そもそも、自分以外が割り込みに気づいていないなら、ほかの人は「損をしている」と思っていません。ヘタに注意をすると正義感ではなく、単なる自己満足になりかねない。それでも釈然としないのであれば、このように言ったほうがいいと思います。

「あなたが入ると自分の番が遅くなるので、最後尾に並び直すか、あなたの前に入れてください」

ポイントは、実質的には同じ結果だけど「相手に選択肢がある」という状況にすることです。たいていの場合、割り込みをする人は、多少の罪悪感を持っています。だから、「この人を前に入れることで割り込みに文句を言われなくなるなら、そのほうが得だな」と、考えたりするものです。

あと、先に並んでいた人にその人の友人が合流するパターンでも、この手法は効果的です。

友人が後から割り込んでくるのは「一緒に行動をしたい」という思惑があるからです。離れて並んだり全員で並び直したりするのは避けたいので、「それなら、この人を前に入れちゃったほうがいいよね」となります。

逆に、「最後尾に並び直してください」など、相手が受け入れられない条件だけを言うと、逆ギレされる可能性が高くなります。

だから、このような相手への選択肢が思いつかない場合は、面倒なことになるので言わないほうが安全だと思います。

ZURUI

48

口約束をちゃんと守らせたい

プライベートだと文面などを交わさずに口約束で済ませることが多い。しかし、その約束を反故にされて「聞いてないよ!」という裏切りに遭うことも。文面で証拠として残すのも大変だが、ちゃんと約束を守らせるテクニックはないものか?

ダメな言い方	うまい言い方
信頼しているので、口約束でも大丈夫です	念のため、誰かに内容を知ってもらいましょう

POINT

片方にしかメリットがない話なら、口約束は「反故にされて当然」と思っておく

証拠を残せないのなら「第三者」に知っておいてもらう

第三者のいないところでやる議論は無意味です。

例えば2人きりで議論になり、相手が非を認めたとします。でも、その場に証人となる第三者がいなかったり、相手が非を認めた証拠もなかったりすると、後から「そんなこと言ってないよ」とか、いくらでも言えますよね。

これは議論ではなく口約束でも同じです。世の中のすべての人が誠実に動いているわけではありません。あとから反故にされることも普通にあるわけで、「聞いてないよ！」という裏切りをされることも当然あります。

もし状況的に証人を立てられず証拠も残せない場合には、「約束を破ったときのメリット／デメリット」を明確にすることが必要です。

口約束を交わす過程で「お互いこんなにメリットがある」「だから長期的な関係を結

んだほうが得策だ」といった共通認識が形成されれば、口約束でも物事は成立します。それができないのなら、裏切られる前提で進めるしかありません。

ただし、約束を反故にされたときに絶対にやってはいけないのが、「約束を破ったら大変なことになるぞ」と、相手に伝えることです。

〝昭和的な人〟がやりがちですが、この言葉は場合によっては脅迫になります。今の時代は誰もがスマホを持っているので録音できます。後になってそれが証拠となり、自分が不利になる可能性も出てきます。

ちなみに、余裕のあるお金持ち同士だと、「セコいことをやって長期的な関係が壊れるほうがよっぽど損をする」とわかっているので、ヘタなことをしないという共通認識があります。

彼らは「後からSNSとかで騒ぎ立てられると面倒だな」とか考えるので、大企業とか余裕のあるお金持ちと仕事をするほうがラクだったりするんですよね。

逆に成り金系の金持ちは感情やその場の勢いで考えがコロコロ変わったりするので、口約束だけでなくお仕事をする際には気をつけたほうがいいですよ。

49

他人に明かしたくない事実をうまく隠したい

アダルトサイトの運営をしているので「お仕事は何を？」と聞かれると、いつも困ってしまう。正直に答えるとネガティブな感情を抱かれそうだし、かといってウソをつくのも後でバレたら面倒くさい。こんな「ネガティブな事実」をどう伝えればいいのか？

ダメな言い方	うまい言い方
アダルトサイトの制作です	ウェブエンジニアです

POINT

同じ事実でも答え方を変えるだけで、ウソをつかずに悪くないイメージで伝えることができる

相手が勝手に勘違いしてくれる言い方をすればいい

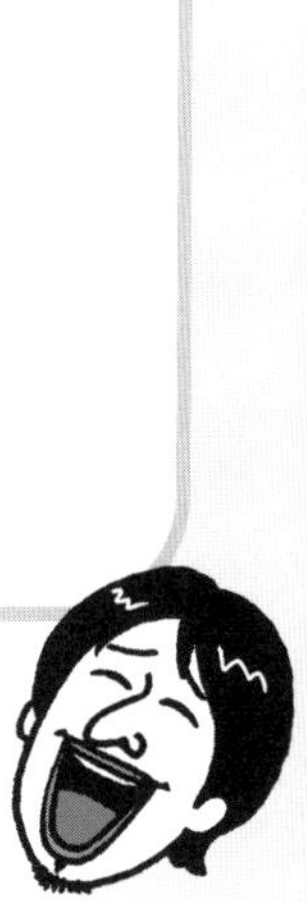

以前、無職の人が化粧品売り場で「お仕事は何を？」と聞かれ、正直に「無職です」と答えたら怪訝な顔をされてイヤな気持ちになったと聞いたことがあります。

どんな職業であっても接客に差をつけるなと思うのは理解できますが、客商売をしている人からしたら、相手が顧客になるのか判断したいので、「無職です」と聞いたら相手にするべきではないと判断する人もいます。バカ正直に「無職です」とか「働いてないです」とか言うと、ネガティブに捉えられてしまうのですね。

しかし、ここで「働く必要がないんですよね」と返答したら相手はどう感じるか？「この人はお金持ちなのかも……」と勝手に勘違いして、ポジティブに受け止められる可能性もあります。答え方ひとつで印象が変わるといういい例ですね。

要は相手が勝手に想像をして、「もしかしたら自分にメリットのある人かもしれない」と思わせる返答をすればいいわけです。

基本的に自信満々な人というのは余裕があるように見えるし、いい方向に誤解をされたりします。実際には無職みたいな生活をしていても、不動産を持っていたり投資で資産を築いていて、そもそも働く必要がない人は大勢います。

答え方ひとつで、面倒ごとを避けられることもあります。例えば、海外で僕のことを知らない人に「お仕事は何を?」と聞かれたら「エンジニアです」と言うようにしています。僕は英語圏ではそれなりに有名な匿名掲示板の運営・管理をしているので、正直に言ったら、「この人、ヤベえな」と思われたり、面倒くさいことになる可能性もあります。でも、エンジニアと言えばウソではないし、ツッコめる人もほぼいない。

同じようにエロサイトの制作者も「エンジニアです」でいい。「サイトの制作です」とかぼかして言うと「どんなサイトですか?」とムダにツッコまれたりしますしね。

ネガティブな情報であってもウソをつかず、かつ悪くないイメージで伝えることはできます。相手に合わせて、どのレベルで伝えるかで、面倒くさい状況になるのを避けることができるのです。

50

しつこい売り込みを断りたい

銀行勤めの知人から資産運用に関する金融商品の営業をされて困っている。手数料が高い商品なのでどう考えてもお得じゃないのだが……知人なので邪険にできない。関係は保ちつつ、面倒な営業をやめさせるにはどんな断り方をすべきか？

うまい言い方	ダメな言い方
損失が出たら補てんしてくれますか？	今はちょっとやめておきます

POINT

しつこい営業マンは「やんわり断ろう」というあなたの優しさを利用してくる

相手がのんだ場合に「損をする」条件を出す

僕は営業をされても別に困りません。理由は単純で、断れるからです。

反対にしつこい営業に困る人は、「どんな相手でも失礼な態度を取ってはいけない」というルールというか優しさで対応してしまい、「今はちょっと……」とかやんわりと断ったりします。営業をする人というのは、その優しさを利用してくるわけです。

そもそも営業マンは「ダメでもともと」「断られて当然」という意識で営業をしています。そう考えれば、「電話や訪問は時間を取られるので迷惑です。メールで送っていただけますか？」と伝えてもいいですよね。

とはいえ、お世話になっている人や取引先からの営業だと、無下に断りにくいと思います。

そういうときは、まず提案を受けることが難しい状況をきちんと説明して、断る方向で話をすればいいのです。それでも相手が食い下がってくるのであれば、「自分にとって絶対にメリットがある条件」を出してみてください。

例えば、ネット回線の契約であれば「契約できるけど即解約するので、その作業をすべてやってもらって違約金なども肩代わりしてもらえる？」と提示したり、「今は厳しいから○○円までしか出せないんです」と、どう考えても相手にとって利益の出ない額を提示したりします。

もしくは「ここまでケアしてくれるなら契約できます」など、契約をすると相手が面倒だと感じることを言ったり、資産運用の金融商品を営業された際には、「もし損失が出たら補填してくれますか？」と言ってみるとかもアリです。

要は、こちらが提示した条件を相手がのんだ場合に損をするような条件を出していけば、相手も引き下がらずを得なくなります。営業は利益を出すための経済活動なので、損をしてまでやる意味はないですからね……。

それでもＯＫというのであれば、契約をしてもいいかもです。だって、その時点で支払った以上を回収できる、お得な状況が生まれているわけですから。

おわりに

「コップに水が半分も入ってる」「コップに水が半分しか入ってない」。「口座に100万円も入っている」「口座に100万円しか入っていない」。

どちらも同じ状態を示す内容ですが、受け取り方や考え方次第でポジティブな情報なのかネガティブな情報なのかが変わったりしますよね。こういう感じで、同じ内容でも言いまわし次第で相手の印象や行動が変わることは、よくあったりします。

もちろん本書にある言いまわしが絶対に正解というわけではありません。伝え方なんていくらでもあるし、相手によってはうまくいかない場合もあります。でも、それを失敗と思うか成功と思うかは人それぞれ。それをどう考えるかで、その先の道が別れたりします。

例えば、「忘年会の宴会芸」みたいな、ものすごくやりたくないことがあったとします。そこで「滑ったら恥ずかしいから断ろう」と考えるのか「めちゃくちゃ滑ったほうが、むしろ笑える」と考えるのか。酒の場で宴会芸を失敗したとしても、その失敗をずっと覚えている人なんてほとんどいません。つまり一時的な恥ずかしさです。

それを気にする人は多いですが、「めちゃくちゃ滑ったひろゆきです。今年もお世話になりました！」と笑い話に変えられれば、周りと仲良くなりやすかったりします。

ネガティブな選択肢をポジティブな選択肢と思い込むことで、結果として自分の行動力に繋げることができるのですね。

そういった行動力は経験に繋がります。大変なことから逃げずに乗り越えた経験があると、さらに大変なことが起きたときも「なんとかなるかもしれない」と考えることができるし、そこで挑戦すると、さらに経験が増えたりするわけです。

そして経験は結果に繋がります。人間の能力は、そこまで大きく変わらなかったりします。差が出るとしたら、「やったことあるか？」という経験の有無。だから、何事もポジティブに捉え「まずは、やってみる」という姿勢で生きていると、いろんな経験が得られるし、結果を出せる可能性も上がるわけです。

そういう意味で、本書にある「ズルい言いまわし」に挑戦してみるのは、同じ事象を違う角度から俯瞰するという意味で訓練になると思うのですね。

もちろん、失敗するかもしれません。それでもポジティブに考えて行動したら、そこから何かを得られるかもしれないのですから。

2024年8月　西村博之

明日から使える！ズルい言いまわし一覧

本書の最後に、これまで登場した言いまわしを一挙掲載。「こんなときどう言おう…」と悩んだら辞書的にご使用あれ！

第1章 「仕事ができる人」の言いまわし

01 ムダに思える仕事を断りたいとき

× この資料作りは本当に必要ですか？

○ 余計な手間をかけさせたくないので、口頭で手短に伝えていいですか？

02 優柔不断な上司に自分の意見を通したいとき

× このやり方ならうまくいくと思います！

○ 他社はこの方法で利益を出しています！

03 提案内容をうまく説明したいとき

× 新企画を考えたのですが、説明のお時間を頂けますか？

○ 十分に利益が出る企画を考えたのですが、聞いてもらえますか？

04 上司からうまく助言を引き出したいとき

× 何かアドバイスをください

○ これよりもいい案はありますか？

05 振られる仕事の量を減らしたいとき

× 作業する時間が足りません

○ とれる時間が一日30分なので3か月かかりますが、いいですか？

06 遅刻ばかりで迷惑をかける同僚を改心させたいとき

× 絶対に遅刻しちゃダメだよ！

○ 遅刻するとキミが損をするよ

07 反対意見を黙らせたいとき

× Aのほうがいいと思います

○ Bがうまくいく根拠を探してみましょう

08 相手の印象に残る自己アピールがしたいとき

× ぜひやらせてください！

○ 成功のためにうんこを食えと言われたら食います！

09 目上の人のミスを穏便に指摘したいとき

× 資料の方向性がズレていますよ

○ あくまで私の感想ですが、方向性がズレている気がします

10 会議で発言を促して議論を活性化させたいとき

× いいアイデアや意見があれば、どんどん言ってください

○ 突拍子もないアイデアですが、こんな案はどうでしょうか？

第2章 「成果を出す人」の言いまわし

11 プレゼンに説得力を出したいとき

× 成功すればこんなにメリットがあります
○ 失敗するリスクも想定済みです

12 プレゼンで意図をうまく伝えたいとき

× 手元の資料に沿ってご説明します
○ 一言で言うと○○です

13 営業をスムーズにクロージングしたいとき

× ぜひご検討ください
○ いつ頃ご検討が終わりますか？

14 得意先からの無茶ぶりを断りたいとき

× この内容だと、ちょっと厳しくて…
○ この内容だと、○○万円の赤字になります

15 相手にとって面倒な仕事を受けてもらいたいとき

× なんとか受けてもらえませんか？
○ 面倒な事前準備は、こちらで終わらせておきます

16 スケールの大きな話をうまく伝えたいとき

× ムダな経費が4億円もかかっています
○ あなたが１００年働き続けてようやく稼げる額がムダになっています

17 怒っている人をうまくなだめたいとき

× 申し訳ございませんでした！
○ なるほど……（少し間をとってから）さようでございますか

18 炎上トラブルをうまく解決したいとき

× 投稿を消去してくれませんか？ そのほうがお互いのためです
○ こちらはお詫びの品です。消去の判断はお任せします

19 相手のやる気をそがずにダメ出しをしたいとき

× ちょっと微妙なので修正してください
○ 意図を伝えきれなかったので説明させてください

20 相手から「重要な情報」を引き出したいとき

× 何かいい情報を教えてください
○ 実は、あまり知られていない話があるんですけど……

第3章 「なぜか出世する人」の言いまわし

21 面接で自分の実績を盛りたいとき

× その業務経験はありません
○ （経験はないけど）はい、できます

22 有休をスマートに取りたいとき

× 有休を取らせてください
○ みんな大丈夫なので、有休を取ります

23 部署異動の対象から外れたいとき

× 異動するくらいなら、会社を辞めます
○ 異動が不安で、病院に行っています

24 社内面談で給料アップを交渉したいとき
×給料を上げてくれませんか？
○もし転職したら、これくらい年収が上がる見込みです

25 頑固で融通が利かない人をうまく動かしたいとき
×なんとか対応していただけませんか？
○イヤだからやらないのか、それともできないのか、どっちなんでしょうか？

26 ゴルフ好きの偉い人をうまくおだてたいとき
×そのスコアはすごいですね！
○すごいですね！始めたばかりなのに上達が早いですね！

27 酔うと面倒な上司をさっさと帰らせたいとき
×そろそろ帰ったほうがいいですよ
○もうタクシーを呼んじゃいました

28 会社からの不正指示を断りたいとき
×そんな不正行為はできません！
○この会話内容は念のために録音しておきます

31 ミスを繰り返す部下をうまく諭したいとき
×なぜミスをしたんだ！どうして？理由は？
○次に同じことが起きたら、評価ダウンに繋がっちゃうよ

30 部下に締め切りを守らせたいとき
×締め切りは絶対に守って！
○「これより遅れたらクビになってもいい」という期限はいつ？

第4章 「家庭がうまくいく人」の言いまわし

31 奥さんの二択質問にうまく答えたいとき
×個人的にはAのほうが好きかな
○5年後にも、着ていそうなのはどっち？

32 相手にとってネガティブな事実をうまく伝えたいとき
×言いづらいけど、鼻毛が出ているよ
○顔に何かついてるよ？鏡を見てきたら？

33 自分の家事負担を減らしたいとき
×俺のほうが、家事負担が大きいよ
○お互いが担当する家事を、書き出してみよう

34 高額な買い物を認めてもらいたいとき
×古くなって調子が悪いから、買い替えてもいい？
○買い替えないとお互いに不便だよね？

35 奥さんのムダづかいをやめさせたいとき
×それって本当に必要なもの？
○お互いが毎月ムダづかいできる額を決めておいたほうがいいね

36 「脱サラして独立」を認めてもらいたいとき
×副業の仕事のほうが、自分には合っている
○副業に専念すれば、半年後には今の収入を超える

37 専業主婦の奥さんにも働いてもらいたいとき
× 暇だったら働いてみたら？
○ 先のことを考えると、貯えが必要だよね

38 高齢の親に免許を返納させたいとき
× 事故を起こしたら大変だよ？
○ 事故を起こしたら孫に会えなくなるよ？

39 陰謀論に染まった親を諭したいとき
× それはただの陰謀論だよ
○ この事実についてはどう思う？

40 子供にちゃんと勉強をさせたいとき
× 勉強をしないと将来自分が困るぞ！
○ 1か月頑張ったらご褒美が貰えるぞ！

第**5**章
「ずる賢く生きる人」の言いまわし

41 友達のダサい服装を指摘したいとき
× その服装はダサいよ
○ こっちのほうが若く見えるよ

42 友達からの借金依頼を断りたいとき
× お金を貸すのは、君のためにならないよ
○ お金と友情、君はどっちを選ぶの？

43 職場の女性を食事に誘いたいとき
× 今度、食事に行きませんか？
○ 男だけだと行きづらいお店なので、一緒に行ってくれませんか？

44 感謝しない恩知らずな人に感謝させたいとき
× だったらお願いしないでよ！
○ 大変にさせちゃったけど、助けになれてよかった

45 「カスハラ」をしてくるクレーマーを黙らせたいとき
× 大変申し訳ありませんでした
○ 上司から返答させますので、お名前とご連絡先を教えてください

46 やっかいな隣人とうまく交渉したいとき
× 枝が伸びているので早く切ってくれませんか？
○ 1か月以内に対処が難しいなら、こちらで切っておきますね（録音）

47 行列への割り込みをやめさせたいとき
× 最後尾に並び直してください
○ 私が遅くなるので、最後尾に並び直すか、あなたの前に入れてください

48 口約束をちゃんと守らせたいとき
× 信頼しているので、口約束でも大丈夫です
○ 念のため、誰かに内容を知ってもらいましょう

49 他人に明かしたくない事実をうまく隠したいとき
× アダルトサイトの制作です
○ ウェブエンジニアです

50 しつこい売り込みを断りたいとき
× 今はちょっとやめておきます
○ 損失が出たら補てんしてくれますか？

賢い人が自然とやっている

ズルい言いまわし

発行日　2024年8月31日　初版第1刷発行

著　　者　西村博之
発 行 者　秋尾弘史
発 行 所　株式会社 扶桑社
〒105-8070
東京都港区海岸1-2-20 汐留ビルディング
電　話　03-5843-8194(編集)
03-5843-8143(メールセンター)
www.fusosha.co.jp

印刷・製本　サンケイ総合印刷株式会社

デザイン　三森健太(JUNGLE)
イラスト　うのき
D T P　松崎芳則(ミューズグラフィック)
校　　閲　小西義之
構　　成　杉原光徳(ミドルマン)
編　　集　秋山純一郎(扶桑社)

本書は以下の初出記事に加筆・修正のうえ再構成したものです。
『週刊SPA!』2022年5月24・31日号～2024年7月9日号

ISBN978-4-594-09767-7